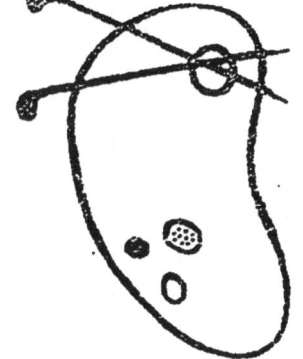

Couvertures supérieure et inférieure en couleur

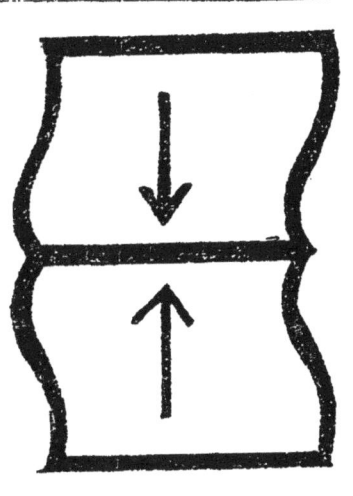

RELIURE SERREE
Absence de marges intérieures

VALABLE POUR TOUT OU PARTIE
DU DOCUMENT REPRODUIT

Édition à **1** fr. **25** le volume

CH.-PAUL DE KOCK

PAPA

BEAU-PÈRE

PARIS
DEGORCE CADOT, ÉDITEUR
9, RUE DE VERNEUIL, 9

Droits de traduction et de reproduction réservés

PAPA

BEAU-PÈRE

EN VENTE A LA MÊME LIBRAIRIE

ŒUVRES DE CH. PAUL DE KOCK

AVEC UNE GRAVURE HORS TEXTE

ÉDITION A **2** FRANCS LE VOLUME

Titre	vol.	Titre	vol.
L'Amoureux transi	1	Le Petit Bonhomme du coin	1
Une Gaillarde	2	Mon ami Piffard	1
La Fille aux trois jupons	1	Les Demoiselles de Magasin	2
La Dame aux trois corsets	1	Une Drôle de maison	1
Ce Monsieur	1	Mme de Monflanquin	2
La Jolie Fille du faubourg	1	Maison Perdaillon et Cie	1
Les Femmes, le Jeu et le Vin	1	Le Riche Cramoisan	1
Cerisotte	2	La Bouquetière du Château-d'Eau	1
Le Sentier aux Prunes	1	La Famille Braillard	2
M. CheramI	1	Friquette	1
M. Choublanc	1	La Baronne Blaguiskoff	1
L'Ane à M. Martin	1	Un Jeune Homme mystérieux	1
Une Femme à trois visages	2	La Petite Lise	1
La Grappe de groseille	1	La Grande Ville	1
La Mariée de Fontenay-aux-Roses	1	La Famille Gogo	2
L'Amant de la Lune	3	Le Concierge de la rue du Bac	1
Papa Beau-Père	1	Les nouveaux Troubadours	1
La Demoiselle du cinquième	2	Un petit-fils de Cartouche	2
Carotin	1	Sans-Cravate	2
La Prairie aux coquelicots	2	Taquinet le Bossu	1
Un Mari dont on se moque	1	L'Amour qui passe et l'Amour qui vient	1
Les Compagnons de la Truffe	2	Madame Saint-Lambert	1
Les Petits Ruisseaux	1	Benjamin Godichon	1
Le Professeur Ficheclaque	1	Paul et son Chien	1
Les Étuvistes	2	Les époux Chamoureau	1
L'Homme aux trois culottes	1	Le Millionnaire	1
Madame Pantalon	1	Le petit Isidore	1
Madame Tapin	1	Flon, Flon, Flon Lariradodaine	1
		Un Monsieur très-tourmenté	1

Il a été tiré, de chaque ouvrage, cent exemplaires sur très-beau papier de Hollande, gravure sur chine, à 5 francs le volume

F. Aureau. — Imprimerie de Lagny.

ŒUVRES DE CH.-PAUL DE KOCK

PAPA
BEAU-PÈRE

PARIS
A. DEGORCE-CADOT, ÉDITEUR
9, RUE DE VERNEUIL, 9

Tous droits de propriété expressément réservés

PAPA
BEAU-PÈRE

I

UNE ENTREPRISE DE BOUILLON

Êtes-vous entré quelquefois dans une de ces entreprises de bouillon qui, maintenant, rivalisent avec les restaurants et souvent leur sont de beaucoup supérieures ? Si vous ne les connaissez pas encore, venez y faire un tour avec moi ; je ne vous conduirai pas dans une de ces petites salles borgnes, où le bouillon se marie avec le lait, et que l'on nomme crêmerie ; non, je vous introduirai sur-le-champ dans une de ces grandes maisons qui ont la vogue, parce qu'en effet tout ce que l'on vous sert là est de bonne qualité, et vous y pouvez dîner fort bien, en donnant une agréable suite à votre bouillon ; de plus vous êtes servi par des femmes, ce qui ne peut qu'ajouter à votre appétit et pousser à la consommation.

Nous y sommes ; voyez comme cette salle est vaste et bien éclairée ! il y a toujours beaucoup de monde ; presque toutes les tables sont occupées, d'autres sont retenues, mais il est difficile de les garder, car ceux qui arrivent s'y installent, sans écouter les réclamations des demoiselles qui servent et auxquelles ils répondent :

— Ce doit être ici comme dans les omnibus, on n'y garde point de places ; tant pis pour les retardataires !

Votre regard est agréablement flatté en apercevant des dames parmi les consommateurs ; elles sont toujours en minorité, mais enfin il y en a. Ce sont ordinairement des douairières qui ne tiennent pas ménage chez elles, et ne redoutent point de se montrer seules chez un traiteur ; vous y verrez aussi quelquefois de jeunes ouvrières, grisettes sans amoureux, qui viennent se régaler d'un consommé et ne seront pas fâchées d'être lorgnées par les beaux messieurs qui sablent du vin de Bordeaux et dînent là, comme s'ils étaient à la Maison-Dorée.

Ici, les originaux abondent; les types les plus curieux se dévoilent, car c'est surtout pendant qu'il dîne que l'on peut juger des habitudes, des penchants, on pourrait presque dire du caractère de quelqu'un.

Voyez ce gros homme assis dans ce coin et qui mange comme s'il n'avait pas dîné depuis plusieurs jours, il n'a cependant pas l'air d'avoir jeûné. Mais pour lui, manger est le plus beau moment de l'existence; il ne connaît pas de jouissance comparable à celle qu'il éprouve à table; il se concentre dans son assiette, il ne s'occupe jamais de ce qui se passe autour de lui. Il dîne toujours seul, parce qu'avec une connaissance il faudrait causer, ou tout au moins répondre quelquefois à ce qu'on lui dirait et cela le distrairait dans sa plus douce occupation. Il s'obstine à appeler : *Garçon !* les demoiselles qui servent et auxquelles à chaque instant il redemande du pain. Cet homme-là doit être un égoïste, ou cela me tromperait bien. Quand on fait un dieu de son ventre, il reste peu de place pour le cœur... Vous me direz que le cœur ne se place pas dans le ventre, mais ceci est une métaphore.

Voilà, plus loin, un monsieur entre deux âges, qui mange lentement, boit doucement, casse son pain avec méthode et s'essuie la bouche avec sa serviette, toujours avec la même lenteur. De temps à autre, il jette un regard satisfait dans la salle, sourit aux demoiselles qui le servent, puis se mouche et remet son mouchoir dans sa poche. Tout cela, comme pourrait l'exécuter un automate. Cet individu doit être comptable ou caissier dans une maison de commerce ; l'habitude des chiffres lui a donné cette régularité de mouvements, il ne veut jamais faire une erreur, pas plus dans ses actions que dans ses comptes.

Là-bas, cette dame qui dîne seule est la douairière que je vous citais tout à l'heure. Elle s'occupe beaucoup plus de ce qui se passe dans la salle que de son bouillon, qu'elle met une demi-heure à avaler. Elle regarde avec curiosité toutes les personnes qui entrent ; elle connaît les habitués ; lorsque arrive une personne qu'elle n'a pas encore vue, elle interroge les demoiselles servantes et l'on entend immanquablement le dialogue suivant :

— Qu'est-ce que c'est que celui-là ?... le connaissez-vous, mesdemoiselles ?

— Nous l'avons déjà vu quelquefois, madame.

— Tiens ! moi pas. Qu'est-ce qu'il fait cet homme-là ?...

— Nous ne le lui avons pas demandé, madame.

— Il ne cause donc pas ce gros bœuf?... car il ressemble à un bœuf!...

— Non, madame, mais il doit être à son aise; il est très-généreux avec nous.

— Ah! il est généreux! voyez-vous ça... ce doit être quelque marchand de bestiaux. Mesdemoiselles, placez-le donc à côté de moi un de ces jours, je serais curieuse de savoir s'il parle français, cet homme généreux!

— Mais, oui, madame, il n'a pas d'accent étranger...

— Je m'entends, mesdemoiselles, et pour parler français, je veux dire s'exprimer purement sans faire des pataquès.

Les servantes s'éloignent, en se disant :

— Le plus souvent que ce monsieur voudra se placer près de cette vieille sibylle! Est-elle étonnante! à chaque nouveau visage, elle nous dit : « Placez-le donc près de moi! » Elle espère faire une conquête apparemment... Mais elle a beau jouer de la prunelle, ça ne prend pas!... D'ailleurs les hommes viennent ici pour manger et non pas pour faire des connaissances... Et quand ils sont aimables et font les gentils... c'est pas aux vieilles qu'ils s'adressent...

— Garçon! du pain!

— Ah! bon!... c'est le gros monsieur du coin là-bas... Est-il ridicule de nous appeler toujours : *garçon !*... Voilà la quatrième fois qu'il redemande du pain. Il croit peut-être que c'est ici comme dans les restaurants à prix fixe, où l'on a le pain à discrétion, mais quand il s'agira de payer, il verra la différence.

Mais qui donc parle si haut et semble connaître tout le monde là? C'est un petit homme, dont il est difficile de deviner l'âge sous l'énorme barbe roussâtre qui couvre tout le bas de son visage, se mêlant à ses moustaches et à ses favoris ; d'énormes sourcils qui se rejoignent sur son nez comme ceux du *Juif errant*... dans l'image que l'on vend de cet éternel marcheur (car, pour mon compte, je ne l'ai jamais rencontré), et une forêt de cheveux très-inculte, font de cet individu une espèce de porc-épic dont on ne peut distinguer que les yeux, qui sont très-petits et très-vifs, et le nez, qui est long et recourbé comme celui d'un oiseau de proie. Tout cela, vous en conviendrez, ne constitue pas un cavalier bien séduisant, à moins que vous n'ayez un goût très-prononcé pour les ours.

Ce particulier, que les demoiselles qui servent ont surnommé le bonnet à poils, parce qu'en effet, au premier abord, sa tête ressemble à cette coiffure, s'est placé à une table d'où il a déjà entamé la conversation avec deux jeunes gens qui sont assis assez loin de lui mais cela ne gêne nullement ce monsieur, qui, au contraire, est enchanté, lorsqu'il parle, que tout le monde puisse l'entendre ; et il trouve moyen de parler presque continuellement, ce qui ne semble pas produire sur ses voisins l'effet agréable qu'il se promet, d'autant plus que sa voix nasillarde et criarde a beaucoup de rapport avec le son d'un mirliton.

— Messieurs, avez-vous été voir la pièce nouvelle aux Variétés?... crie le bonnet à poils, en s'adressant aux jeunes gens qui dînent plus loin...

— Oui... c'est fort amusant, et vous monsieur Dardanus ?

— Moi, pas encore, mais je la verrai... oh ! je la verrai incessamment ; je suis très-ami avec l'auteur... je lui ai donné souvent d'assez bons conseils, je m'en flatte... et il ne s'est pas mal trouvé de les avoir suivis, j'ose le croire !

— Tout à l'heure, il nous dira que c'est lui qui a fait ses pièces ! dit un des jeunes gens à son camarade.

— Oh ! c'est que le théâtre, voyez-vous, je connais ça, moi... *Nourri dans le sérail, j'en connais les détours*.

— Est-ce que vous êtes Turc ? monsieur Dardanus ?

— On n'a pas besoin d'être Turc pour connaître les sérails dramatiques...

— Est-ce que vous avez fait des pièces, vous?

— Si j'ai fait des pièces!... Plus que je n'ai de cheveux sur la tête!...

— Ah! prenez garde! vous vous avancez beaucoup... à moins que vous n'ayez un faux toupet!...

— Mais je n'ai jamais vu votre nom sur l'affiche! dit le grand jeune homme, et cependant il est remarquable!

— C'est justement parce qu'il est trop remarquable, que je ne le mets pas... On est si méchant à Paris, les journalistes surtout!... Ils auraient fait de mauvaises plaisanteries sur mon nom... et je ne souffre pas les mauvaises plaisanteries... On le sait par mon duel avec Savonard... duel qui a fait assez de bruit!... je puis le dire!

— Ah! bon! voilà qu'il va nous parler de son duel... ça ne pouvait pas manquer... Jamais tu n'auras un bout de conversation avec monsieur Dardanus, sans qu'il trouve moyen d'y fourrer quelques mots sur son duel... En voilà un qui est bien fier de s'être battu!... Et encore s'est-il vraiment battu? Voilà ce dont je doute, moi!

— Quel est ce Savonard avec qui il prétend avoir eu ce duel?

— On n'a jamais pu savoir...

Un nouveau dîneur vient d'entrer dans la salle. C'est un monsieur d'une cinquantaine d'années, d'un extérieur distingué, mais qui semble marcher avec peine. M. Dardanus, car maintenant nous savons le nom du bonnet à poils, ne manque pas d'arrêter ce nouveau venu au passage :

— Eh ! bonsoir, monsieur Duparc !... enchanté d'avoir le plaisir de vous rencontrer ici !... Et comment cela va-t-il ?... Cette maudite goutte vous laisse-t-elle un peu tranquille ?...

— Je vous remercie, monsieur ; oui, cela va mieux pour le moment...

— Venez donc vous asseoir ici, près de moi... il y a de la place...

Mais le monsieur, qui probablement ne tient pas à être près de M. Dardanus, fait semblant de ne point entendre et va s'asseoir à une table plus loin, ce qui n'empêche pas son interlocuteur de continuer à lui parler.

— Du reste, la goutte, voyez-vous, monsieur Duparc, cela ne se guérit jamais, et quand on l'a une fois, c'est pour toute la vie !... Il faut en prendre son parti.

— Quel âne ! dit tout bas un monsieur assis en face de l'homme barbu. Et comme c'est aimable de dire' cela à quelqu'un atteint de cette maladie ! Mon Dieu, combien il y a dans le monde de gens bêtes et malappris !... *Numerus stultorum est infinitus !...* Si vous avez mal quelque part, ils vous diront : « Prenez garde ! Faites attention !... C'est très-dangereux. » S'ils vous rencontrent relevant de maladie, ils s'écrieront : « Ah ! sapristi ! comme vous êtes changé !... Vous avez le fond du teint jaune... Je ne vous aurais pas reconnu sans votre chien... C'est votre chien qui m'a remis sur la voie !... » On est bien tenté de leur répondre : « Vous ne changez pas, vous, car vous êtes toujours aussi bête, aussi sot qu'autrefois. »

Comme le monsieur goutteux n'a pas répondu à l'aimable réflexion de M. Dardanus, celui-ci s'empresse de reprendre :

— Mais il y a cependant des remèdes... des adoucissants qui éloignent les accès de goutte... On m'en a enseigné un... c'est un jeune officier de qui je le tiens... J'étais allé en Bretagne... c'était avant mon duel... était-ce avant?.. je n'en suis pas bien sûr... J'y reviendrai tout à l'heure...

— Garçon ! du pain !...

— Voilà un gros monsieur qui mange trop de pain... il se fera du mal... Ce remède, c'était... attendez donc... je ne me souviens plus... ça me reviendra tout à l'heure... Ah! voilà chose qui entre là-bas!... Ah! je suis fâché qu'il ne vienne pas de ce côté...

— Qu'est-ce que c'est que *chose?* dit un vieux monsieur qui dîne à côté de Dardanus et a souvent haussé les épaules pendant qu'il parlait.

— Comment! vous ne le connaissez pas?... c'est un acteur du théâtre de l'Ambigu...

— Ah! c'est un acteur ce monsieur-là?... a-t-il du talent?..

— Oui, beaucoup de talent... il grassoye un peu, mais ça ne fait pas de mal dans les rôles d'amoureux, ça donne de l'ampleur à sa diction.

— Et vous le nommez?

— Mon Dieu... j'ai son nom sur le bout de la langue! Vous ne connaissez que ça... chose!... O la mémoire des noms!... c'est celle que j'ai le moins...

— Quel insupportable bavard! murmure la douairière, en regardant M. Dardanus avec impatience, et qui est-il donc lui-même, ce monsieur, qui prétend connaître tout le monde?... le savez-vous, mesdemoiselles?

— Madame, il paraît que ce monsieur est un faiseur d'affaires, car il est venu plusieurs fois en proposer à notre patron qui les a toujours refusées...

— Preuve qu'elles étaient mauvaises ! Il doit être juif, ce Dardanus ?

— Non, madame, il se dit Allemand.

— L'un n'empêche pas l'autre.

— Mademoiselle, mon rosbif ?...

— Voilà, monsieur, tout de suite !

— Garçon ! du pain !

— Ah ! ça me revient ! s'écrie tout à coup M. Dardanus.

— Le nom de l'acteur qui dîne là-bas ?

— Non, la recette contre la goutte... Monsieur Duparc, je vais vous la dire...

— C'est inutile, monsieur ; on m'a déjà donné plus de cent recettes... j'ai essayé de quelques-unes, elles ne m'ont rien fait... Je m'en tiendrai là.

— Vous avez tort !... vous avez très-grand tort !... Tenez, j'ai connu un banquier millionnaire... chez lequel j'avais mis des fonds... ceci est bien avant mon duel... Ce pauvre banquier... — je dis pauvre, quoiqu'il fût millionnaire, mais on est toujours un pauvre sire quand on est goutteux... — il voulait courir après son caissier qui lui emportait une somme *conséquente !*...

— Considérable vous voulez dire, murmure le vis-à-vis de M. Dardanus.

— Considérable ou conséquente, ce n'est pas la

peine de m'interrompre pour cela ! c'est la même chose.

— Non, monsieur, ce n'est pas du tout la même chose, et quand vous dites : une somme *conséquente*, vous faites une faute grossière... vous ressemblez à ces bonnes femmes qui, lorsque cela sent mauvais quelque part, disent : Il faut brûler du sucre, parce que cela *corrompt* l'air !

— Mon Dieu, monsieur, vous me faites là des observations pour un mot !... Vous êtes bien sévère sur la langue française...

— C'est dans votre intérêt ; quand un homme du monde cause... et surtout quand il cause tout haut dans un endroit public, il devrait tâcher de bien connaître la signification des mots qu'il emploie...

— Je la connais, monsieur, et je vous observe que...

— Il ne faut pas dire ici : je vous observe... mais je vous ferai observer...

— Ah ! sapristi ! vous êtes donc maître d'école, monsieur ? Mais vous m'ennuyez à la fin ! je n'aime pas que l'on me donne des leçons... entendez-vous ? Je me suis déjà battu en duel, monsieur.

— Eh ! mon Dieu, monsieur, nous le savons de reste !... Vous le répétez chaque fois que vous contez quelque chose...

— C'est afin que l'on sache bien que je ne boude pas dans l'occasion et que je suis prêt à me battre de suite...

— C'est tout de suite qu'il faut dire, et non pas de suite.

— J'ai blessé Savonard, monsieur !...

— Je m'en fiche pas mal !...

— Et c'était pourtant un rude gaillard... un élève de feu *Grisier* ; il a reçu un fameux coup d'épée...

— A quel endroit ?

— Dans le bois de Vincennes.

II

LA BLONDE ET LA BRUNE

L'altercation survenue entre M. Dardanus et son vis-à-vis commençait à ennuyer beaucoup les dîneurs, et les demoiselles servantes allaient prier le bonnet à poils de se taire, mais l'arrivée de nouveaux personnages rend leur intervention inutile.

Ce sont deux jeunes femmes, ou deux jeunes filles, qui pénètrent dans la salle, font quelques pas, puis s'arrêtent, comme n'osant pas avancer et surprises à la vue de tout le monde qui est là. Mais les servantes s'empressent d'aller au-devant d'elles et les guident, en leur criant :

— Par ici, mesdames, par ici ; voilà une table de libre, où vous serez fort bien.

— Allons, viens donc, Lisa, dit à sa compagne l'une des jeunes filles, qui semble beaucoup moins timide que l'autre. Viens... est-ce que tu n'oses plus avancer à présent? Mon Dieu, on ne nous mangera pas, va! Et il n'y a pas de mal à entrer dans un établissement de bouillon.

Celle qui semble la plus embarrassée est une jolie blonde au teint frais vermeil, qui a de grands yeux bleus, mais un peu niais, qu'elle tient modestement baissés, et une taille assez rondelette; on peut d'autant mieux en juger qu'elle ne porte point de crinoline. Sa mise est simple et peu coquette. Porte-t-elle un bonnet ou un chapeau, c'est bien difficile à savoir, maintenant que les femmes ont des chapeaux plus petits que des bonnets; et peut-on appeler chapeau ces petites soucoupes ou ces petits carrés longs qui sont posés sur le sommet de leur tête, où de loin il est impossible de les distinguer?... Heureuses celles qui ont vraiment des cheveux pour les garantir du froid, car leurs chapeaux, bons tout au plus pour des poupées, les laisseraient exposées à toutes les injures du temps!... O la mode! la mode! déesse la plus souvent sotte et ridicule, tu as seule le pouvoir de donner à de jolies femmes le courage de s'enlaidir.

Les deux nouvelles venues sont placées pas très-loin de la douairière, qui braque ses yeux sur elles et voudrait déjà deviner sur leur visage qui elles sont, ce qu'elles font et pourquoi elles viennent dîner là.

M. Dardanus, qui ne se trouvait pas éloigné des deux jeunes femmes, les lorgne aussi avec attention et ne pense plus à sa discussion avec son vis-à-vis, qui de son côté examine aussi les dernières venues, car, remarquez bien que l'arrivée d'une jolie femme fait sur-le-champ relever le nez à toutes les têtes masculines qui se trouvent sur son passage. Et, lorsqu'au lieu d'une, il en arrive deux, l'effet doit être plus prononcé.

La compagne de la jeune blonde méritait bien d'attirer les regards. Plus grande, plus forte que son amie, c'était une belle brune, dont les yeux noirs étaient pleins de feu, et qui ne les tenait pas baissés vers la terre; elle les promenait au contraire assez hardiment autour d'elle. Ses cheveux, d'un noir de jais, étaient relevés sur les côtés et formaient par derrière un chignon superbe, mais de bon aloi, et qui n'était pas renfermé dans un petit sac de soie, comme la plupart de ceux qui ne contiennent que du crin. Un nez légèrement retroussé, une bouche un peu dédaigneuse, de belles dents et de vives couleurs: telle était mademoiselle Mathilde.

La venue de deux jeunes femmes aussi jolies pouvait donc bien faire événement dans un établissement de bouillon. Le dialogue suivant s'établit bientôt entre les deux amies :

— Eh bien, Lisa, ta frayeur est passée, j'espère?... Tu oses lever la tête maintenant!...

— Pas trop !... cela me semble si drôle d'être au milieu de tout ce monde... qui a les yeux sur nous...

— Bah ! le moment d'arriver, voilà tout ! C'est comme dans les omnibus, quand vous y entrez, tous ceux qui sont dedans vous dévisagent ; mais à peine êtes-vous assis qu'on ne fait plus attention à vous. Ici chacun s'est remis à manger après nous avoir regardées.

— Ah ! excepté cette vieille dame là-bas, qui ne cesse pas de nous faire des yeux étonnés et curieux.

— Si elle ne cesse pas, tout à l'heure je vais lui tirer la langue et lui faire des grimaces horribles... Tu sais que je n'aime pas qu'on m'embête, moi !...

— O Mathilde ! ici, il ne faut pas céder à ta mauvaise tête... Quelle idée aussi d'avoir voulu venir dîner dans un bouillon, au lieu de nous rendre à la pension bourgeoise où nous allons souvent ?...

— Quelle idée !... Tu as bien peu de mémoire, Lisa; tu as donc déjà oublié ce que je t'ai dit : Je sais que Rodrigue vient quelquefois dîner dans ce restaurant et c'est dans l'espoir de l'y rencontrer que j'ai voulu y venir?...

— Eh bien, y est-il?

— Non, mais il n'est encore que six heures et quart; il dîne souvent plus tard que cela... il peut venir... Ah! c'est qu'il faut que je le voie... que je ui parle à ce monstre... Dix jours sans venir chez moi, sans me donner de ses nouvelles!.. il me trompe, c'est bien clair, il a une autre maîtresse... Ah! s'il allait venir ici avec elle!...

— Eh bien, que ferais-tu donc alors?

— Ce que je ferais? je lui casserais ce bol sur la tête! je souffletterais sa maîtresse! je...

— Ah! mon Dieu, tu me fais peur. Je vais m'en aller... je ne veux pas voir cela!...

— Allons... rassure-toi, ma pauvre Lisa, tout cela n'arrivera pas: d'abord, quand ces messieurs dînent chez le traiteur avec une femme, ils ne la mènent pas dans un salon, ils vont en cabinet particulier; c'est bien meilleur genre et plus commode. Par conséquent, Rodrigue ne conduirait pas sa maîtresse dans cette salle... où tout le monde vous voit... Oh! je connais son goût... il aime les cabinets particuliers.

— Est-ce qu'il t'y a menée?

— Mais je crois bien! et plusieurs fois même...

— Tu l'aimes beaucoup, ton monsieur Rodrigue?...

— Je n'en suis pas bien sûre... Je ne voulais pas l'écouter... quelque chose me disait que je me repentirais de l'aimer !... Mais il sait si bien vous faire croire qu'il vous adore... Je l'ai prévenu cependant; je lui ai dit : Prenez garde ! je ne suis point de ces femmes dont on se moque et que l'on quitte dès qu'on a satisfait son caprice... Il m'a juré de m'être fidèle. C'est égal !... je l'aime et je le déteste, je ne sais pas ce qui l'emporte le plus dans mon cœur !

— Est-ce qu'on peut en même temps aimer et détester les gens ?

— Oui, cela se peut. Tu ne comprends pas cela, toi, Lisa, qui n'as pas encore aimé... à ce que tu m'as dit du moins ?

— C'est la vérité, et comme je vois que tu es toujours tourmentée depuis que tu es amoureuse, cela ne me donne pas le désir de devenir comme toi.

— Est-ce qu'on est maître de cela ?... est-ce que l'amour se commande ?... Tu crois qu'on peut le repousser comme on refuse de manger un gâteau quand on n'a plus faim !... L'amour, vois-tu, cela vous prend sans vous avertir, sans qu'on ait le temps de se tenir en garde contre lui... Quelquefois on se dit : Ah ! j'ai bien tort d'aimer cet homme-là !... Mais c'est égal, on l'aime tout de même ; et c'est surtout ceux qu'on ne devrait pas aimer que l'on adore le plus !

— Qu'est-ce qu'il fait ton monsieur Rodrigue ?...

— Je crois qu'il m'a dit qu'il était agent de change ou banquier !... je ne sais plus au juste.

— Alors il doit être très-riche ?

— Ce qu'il y a de certain, c'est qu'il est toujours fort bien mis, à la dernière mode... et puis il a une tournure... une élégance dans ses manières...

— Il est joli garçon ?

— Je crois bien !... Une forêt de cheveux noirs superbes... Un nez un peu pointu... mais un regard si séduisant... si expressif... Un air un peu moqueur... mais il a tant d'esprit qu'on ne peut pas se fâcher, même quand il a l'air de se moquer de nous... Tu ne l'as donc jamais vu, Rodrigue ?

— Où veux-tu que je l'aie vu ? je travaille à mes fleurs toute la journée ; je ne vais qu'à l'atelier et à la pension où tu viens dîner quelquefois, et où l'on ne reçoit pas de messieurs...

— C'est vrai... Tu vas voir Rodrigue ce soir, j'espère... Mais dis donc, ne vas pas en devenir amoureuse au moins !... C'est que, quoique ton amie, je t'arracherais les yeux !...

— Oh! sois tranquille... je ne m'enflamme pas comme toi... D'ailleurs, puisque ce monsieur est tout amoureux ! est-ce qu'on écoute l'amant de son amie !

— Cela s'est vu, ma chère, et très-souvent même

III

PAPA BEAUPÈRE

Pendant que les deux amies sont en train de causer, un nouveau personnage est entré dans la salle. C'est un monsieur entre cinquante et soixante, porteur d'un gros ventre et d'une face presque aussi ronde que son abdomen. Ce monsieur a des yeux saillants, un nez en forme de marron, de vives couleurs, souriant toujours, l'air très-content de lui, et soufflant sans cesse en vous parlant, ce qui n'a rien d'agréable pour son interlocuteur, auquel il envoie au visage un ventilateur continuel. Au total, ce que les gamins de Paris appellent une *bonne boule*.

Ce monsieur est à peine dans la salle, où il cherche une table libre, lorsque Dardanus s'écrie :

— Eh! je ne me trompe pas ! c'est monsieur Philamour... Ah! quel heureux hasard !... Mais venez par ici... à côté de moi ; je vais vous faire une place...

Cette fois, l'invitation de Dardanus est acceptée; le monsieur vient à lui :

— Tiens! c'est monsieur Dardanus !... Ah ! y a-t-il longtemps que je ne vous ai vu !... Est-ce que vous avez une place près de vous?...

— Mais oui ! mais assurément... Mettez-vous donc là...

— C'est que nous sommes deux... je veux dire que j'attends quelqu'un... que je croyais même trouver ici... mais je ne le vois pas...

— Nous aurons aussi une place pour lui... Tenez, voilà mon vis-à-vis qui a fini de dîner et qui s'en va... Ce cher monsieur Philamour !... il y a bien un an que je ne vous ai vu... Vous êtes engraissé.

— Oh! non, non... au contraire !

— Comme vous voudrez. Et vous faites toujours de bonnes affaires dans votre commerce de planches?

— Je n'en fais plus... c'est-à-dire je ne m'en occupe plus guère... J'ai cédé tout cela à mon gendre avec qui je me suis associé...

— Votre gendre? Vous avez donc marié mademoiselle votre fille?

— Justement, il y a près d'un an... elle était encore bien jeune... dix-sept ans et demi ; mais j'ai trouvé pour elle un parti superbe... je l'ai saisi au passage...

— Vous avez parfaitement agi !...

— D'autant plus que le gaillard plaisait à ma fille ; il avait fait sa conquête en dansant avec elle une mazurka... non, c'était une valse pendant laquelle ils sont tombés par terre tous les deux...

— Ah ! diable !...

— Ma fille est folle de la valse, mais elle s'étourdit tout de suite et ne peut pas valser sans tomber...

— Du moment que c'est une habitude !...

— Elle avait oublié de prévenir son cavalier, qui, en voulant la retenir, est tombé avec elle. Alors vous comprenez ?... quand on tombe avec une demoiselle... cela produit tout de suite un rapprochement...

— Je crois bien, on peut même se cogner.

— Le soir même, après le bal, ma fille me dit : Mon petit père, je n'épouserai jamais un autre homme que monsieur de la Bergerie...

— Il s'appelle de la Bergerie !

— Oui, il est presque noble.

— Est-ce qu'il a des moutons ?

— Il a de tout, de plus il est dans les vins.

— Ah! il est marchand de vin?
— Pas marchand, courtier, entrepreneur...
— Il entreprend du vin?
— Il fait la commission... mais en gros... en très-gros!...
— Et vous l'avez mis dans votre commerce de planches... Il me semble qu'il n'y a guère de rapports?
— Oh! mon gendre s'entend à tout... il ferait marcher ensemble douze commerces différents... Vous allez le voir, c'est lui que j'attends.
— Je serai enchanté de faire sa connaissance.
— Il vous plaira, il plait à tout le monde! Beau cavalier! de l'esprit à revendre!...
— C'était bien votre affaire. Jeune, naturellement?
— Vingt-neuf ans; onze ans de plus que sa femme. Mais ce n'est pas trop. Il faut qu'un homme ait du poids sur sa femme; qu'il la domine enfin.
— Ce sont les années que vous appelez du poids?
— Naturellement. Moi je n'avais que six mois de plus que ma femme; j'étais trop jeune, elle me dominait... C'est pourquoi je l'ai peu regrettée.
— Et votre gendre est riche sans doute.
— Oh! assurément! il m'a dit qu'il ne connaissait pas sa fortune... il a des vignes par ici, des vignes

par là... il possède une terre, la terre de la Bergerie... dont il porte le nom...

— Où est-elle située?

— En Bretagne... où l'on fait de si bon beurre... il m'en a déjà donné six pots.

— Est-ce que c'était son présent de noces?

— Oh! diable! si je l'avais laissé faire, il voulait m'envoyer tout un troupeau de ses moutons!... Mais je m'y suis opposé.

— Cela vous aurait gêné à loger. Et où avez-vous fait connaissance de cet aimable gendre?

— Mon Dieu, chez *Robin*. Vous savez? *Robin* le physicien faiseur de tours, qui vous fait voir des spectres.

— Oui, j'ai été à ce spectacle.

— Depuis longtemps Zénobie ma fille, me disait : Petit père... — elle ne me nomme jamais autrement, — petit père, qu'est-ce que c'est donc que des spectres?— Ma chère amie, lui dis-je, ce sont des personnes mortes qui n'existent plus.

— Parfaitement répondu!

— Alors, petit père, comment peut-on les voir?

— Ma fille, je n'en ai jamais invité à dîner chez moi. Mais il paraît que les physiciens, qui sont un peu magiciens, ont des relations suivies avec eux. Là-dessus elle me dit:—Je t'en prie, mène-moi voir cela. — Cela te fera peur, lui répondis-je. — Raison de plus, petit père, tout ce qui me fait peur m'amuse...

— Ah! voilà bien les femmes! Cela me rappelle une dame qui voulait toujours que je lui racontasse mon duel, parce que ça la faisait frissonner... Vous savez, mon duel avec Savonard?...

— Oui, oui, oh! vous me l'avez narré. Bref, je menai ma fille chez Robin, où monsieur de la Bergerie se trouva placé près de Zénobie; il fut d'une politesse et d'une complaisance admirables pour elle, surtout pendant les apparitions... elle poussait de petits cris... Je lui disais : Tu as peur à cause de l'obscurité ; mais elle me répondait toujours : C'est égal, ça m'amuse. A la sortie, il pleuvait; ce monsieur nous offrit deux places dans sa voiture...

— Il a voiture?

— Il avait un remise qui l'attendait à la porte. Nous acceptâmes. En route, en apprenant que je faisais le commerce de planches, il s'écria : — J'en ai justement besoin pour parquer mes moutons! Naturellement, je l'invitai à venir me voir. Je vis bien qu'il lorgnait Zénobie, qui, de son côté, était éblouie par les belles manières de ce monsieur. Et lorsque arriva l'accident de la valse, vous savez ce qu'elle me dit!

— Vous avez donné une grosse dot à votre fille?

— Ah! vous allez juger ici la délicatesse de mon gendre : en me demandant Zénobie en mariage, il me dit : « Mon cher monsieur Philamour, j'ai entendu dire que vous donniez soixante mille francs de dot à votre ravissante fille. Eh bien, moi, je veux vous faire gagner dix mille francs de la main à la main ; je vous demande la sienne, et ne veux accepter pour sa dot que cinquante mille francs, pas un centime de plus ! » Je fus si touché de cette preuve de désintéressement, que je lui ouvris mes bras, en m'écriant : « Touchez là, c'est chose convenue ; mais de plus je vous associe à mon commerce, et c'est vous désormais qui gérerez les affaires de ma maison, qui conduirez tout, qui aurez la signature. Moi, je ne suis pas fâché de me reposer. »

— Diable ! c'était aller un peu vite ! Alors, vous aviez pris des informations sur la position de ce monsieur ?

— Est-ce qu'il ne m'a pas montré vingt lettres de ses commettants, et son carnet de négociations ! Il fait pour plus de trois cent mille francs d'affaires en vins tous les ans...

— Et il fera des planches à bouteilles avec votre marchandise...

— Oh! je suis tranquille! mes planches vont ferme depuis qu'il s'en mêle ; elles disparaissent avec une rapidité surprenante !... Il m'a même déjà demandé des fonds pour en avoir d'autres !

— Est-ce qu'il n'a pas l'argent de celles qu'il vend ?

— Mon cher monsieur, il vend à terme, à long terme, cela vaut bien mieux, parce qu'on ne fait pas d'escompte... Mais il ne vient pas, ce cher gendre ! ma foi, je vais toujours prendre un bouillon en l'attendant.

A la table où étaient les deux jeunes gens auxquels Dardanus avait plusieurs fois adressé la parole, l'un d'eux, en voyant arriver M. Philamour, avait dit à son ami :

— Marcellin, sais-tu qui est ce monsieur qui entre là ?

— Non, et toi, est-ce que tu le connais ?

— Beaucoup ; c'est monsieur Philamour, un marchand de planches. Il est aussi bête qu'il est gros.

— O mon cher, tu dois le flatter.

— Non, je dis vrai. Il est riche et il avait une fille fort jolie... mademoiselle Zénobie...

— Dont tu étais amoureux ?

— Elle me plaisait beaucoup, j'en conviens, et j'aurais été heureux de devenir son mari.

— Lui plaisais-tu ?

— C'est une personne un peu coquette, mais elle était fort jeune ; je me disais : Quand elle aura quelques années de plus, elle sera raisonnable. En attendant, elle semblait me voir avec plaisir. Je suis dans le commerce, mais dans trois ou quatre ans je compte m'établir... J'en avais dit quelques mots à monsieur Philamour, et il s'était contenté de me répondre : — C'est bien, mon petit, nous verrons plus tard, s'il ne se présente pas un meilleur parti que vous !...

— C'était bien aimable! Et il s'en est présenté un ?

— Oui, mais sans vanité, je doute qu'il vaille mieux que moi et soit plus digne de faire le bonheur de Zénobie ; c'est un faiseur d'embarras, de belles manières ! un nommé La Bergerie ; bel homme, beau garçon, je dois en convenir, mais en qui je n'aurais nulle confiance ; il a jeté de la poudre aux yeux du père et de la fille... à Zénobie il n'a parlé que toilettes, bals, fêtes, spectacles !... Avec cela il n'était pas difficile de lui tourner la tête. Au père il a dit avoir des vignes, des troupeaux, et faire d'immenses affaires... remuer tous les ans des millions !... Monsieur Philamour a gobé tout cela. Enfin il a donné sa fille à monsieur La Bergerie, qu'il n'appelle plus que : *de* la Bergerie! et l'a associé à son commerce. Voilà, mon cher Marcellin, ce qui te prouve de nouveau que, dans ce monde, pour réussir, il faut faire de l'embarras...

— C'est possible, mais ces réussites-là ne sont pas souvent de longue durée. Et vas-tu toujours chez le marchand de planches?

— Non. Franchement la conversation de monsieur Philamour n'était supportable que lorsque sa fille était présente. Mais, sans y aller, je suis assez au courant de ses affaires; dans le commerce, on peut se renseigner. Le gendre mène vite les planches du beau-père... Je prévois une débâcle... pauvre Zénobie!... Mais elle aimait trop la danse.

— Tu n'en es plus amoureux, j'espère?

— Non, mais je voudrais la savoir heureuse...

— As-tu remarqué ces deux jeunes femmes qui sont assises là-bas?

— Oui, elles sont jolies toutes les deux. La brune a des yeux magnifiques et qui promettent bien des choses.

— J'aimerais mieux la blonde... elle a l'air doux, modeste... Je sais bien qu'il ne faut pas se fier aux airs... Malgré cela, on s'y laisse toujours prendre.

— Ah! prends garde, Marcellin... tu vas devenir amoureux à ton tour! Mais... tiens... vois-tu ce monsieur... cet élégant qui vient d'entrer?... c'est La Bergerie!

— Ah! voilà mon gendre! s'écrie M. Philamour.
— Enfin, voilà Rodrigue! dit Mathilde.

IV

MONSIEUR DE LA BERGERIE

Un grand monsieur, mis avec élégance et poussant la mode jusqu'à l'excentricité, est entré dans la salle en faisant beaucoup de bruit, en disant tout haut :

— Eh bien, où donc est-il ce cher beau-père, qui a voulu faire le jeune homme... dîner au restaurant et qui voudra sans doute courir ce soir dans les bals publics !... Mais enfin, il faut que jeunesse se passe !... Ah ! ah ! ah !

Ces mots sont dits en riant et avec un ton railleur, presque impertinent, qui semble habituel à ce monsieur, dont les grands yeux noirs, comme sa chevelure, ont une expression presque satanique, ce qui, avec un nez un peu fort, une bouche fine, de belles dents, un teint d'une pâleur olivâtre, donnent à ce cavalier un cachet tout particulier, avec lequel il fait de nombreuses conquêtes, parce qu'en général les dames ont du penchant pour les hommes qui ne ressemblent pas à tout le monde, même lorsqu'ils se distinguent par leur laideur ; mais il n'en était pas ainsi pour le personnage que nous venons de dépeindre et que l'on trouvait fort beau garçon.

— Par ici, mon gendre, par ici... j'ai une place pour vous ! crie M. Philamour, en faisant le télégraphe avec son bras.

M. de la Bergerie va se mettre près de son beau père, en lui disant :

— Ah ! vous avez voulu dîner dans un bouillon !... Mais il ne faut pas croire que vous trouverez ici du plum-pudding et de la charlotte russe.

— Oh ! je préfère le solide... Je n'avais jamais dîné dans ces établissements, qu'on m'a beaucoup vantés... je suis bien aise de les connaître... Et votre femme n'a pas trouvé mauvais que vous dîniez dehors !...

— Ah ! ah ! il est charmant !... Ma femme a assez d'esprit pour comprendre qu'un homme lancé dans les affaires ne peut pas dîner exactement tous les jours chez lui, comme un petit commis à quinze cents francs.

— C'est juste... dans les affaires on dîne beaucoup en ville. Mon gendre, je vous présente une de mes anciennes connaissances... que j'avais perdue de vue depuis quelque temps, monsieur Dardanus...

La Bergerie éclate de rire, en s'écriant :

— Dardanus! ah! le nom vaut son pesant d'or. Dardanus! fils de *Jupiter* et d'*Electre*, qui ayant tué *Jasius* son frère, fut obligé de fuir de l'île de Crète et vint en Asie, où il bâtit une ville qu'il appela de son nom, Dardanie. Vous êtes de cette famille-là, monsieur ?

Le bonnet à poils s'incline en balbutiant :

— Monsieur... je ne suis pas bien sûr... mais cela est probable, puisque je porte le même nom...

— Comme mon gendre est savant ! murmure Philamour; il connaît votre famille mieux que vous!

— Monsieur doit être apothicaire, reprend La Bergerie.

— Pourquoi donc cela, monsieur ?

— Mais parce que, lorsqu'on s'appelle Dardanus, on doit se faire apothicaire... cela se comprend ! On pourrait aussi appliquer votre nom aux sangsues, ce petit sobriquet leur irait à merveille.

M. Dardanus fait un sourire, qui peut passer pour une grimace, en répondant :

— Ah ! très-joli !... Monsieur fait de l'esprit !...

— Je n'ai pas besoin d'en faire, monsieur, j'en ai toujours assez pour ma consommation. Mais voyons ces bouillons... ces bœufs... Garçons !... Ah ! ce sont des femmes... j'aime mieux cela... c'est plus gentil...

— Moi aussi, dit Philamour, j'aime mieux les femmes pour garçons... Je suis amateur du sexe, sans que cela paraisse...

— Mais cela paraît, cher beau-père... Vous avez bien l'air d'un séducteur...

— Ah ! ce diable de La Bergerie... est-il farceur !... Autrefois j'avoue que je suivais volontiers une jolie jambe... mais à présent les femmes marchent trop vite...

— Voilà des consommés qui ne sont pas mauvais... Voyons, mesdemoiselles... servez-nous maintenant tout ce que vous avez de meilleur...

— Viande ou légumes, monsieur ?

— De tout ! et du bordeaux première... N'est-ce pas, beau-père, vous aimez le bordeaux?...

— Oui, et le bourgogne aussi !

— Décidément on fera quelque chose de vous !

M. Philamour regarde Dardanus d'un air ravi, en disant :

— Entendez-vous ? il veut faire quelque chose de moi !

— Je crois que c'est déjà fait ! pense le monsieur barbu, qui n'a pas été satisfait de la plaisanterie que La Bergerie s'est permise sur son nom.

— Tiens, c'est le jeune Valmiral que j'aperçois là-bas ! reprend le marchand de planches.

— Vous connaissez Amédée Valmiral? dit Dardanus; moi aussi... il dîne souvent ici, où depuis mon duel je dîne souvent aussi. C'est un charmant garçon, bon sujet, qui fera son chemin dans le commerce ; ses patrons en font grand cas...

— Oui, oui, il est dans la nouveauté... Mais je lui crois peu de moyens... Il aura de la peine à faire fortune. Mon gendre, ce jeune homme était votre rival ; il m'avait demandé la main de Zénobie...

— Ah ! vraiment ! il n'était pas dégoûté ce monsieur... un petit commis en nouveauté ! Vous l'avez mis à la porte, j'espère ?

— Oh ! à peu près... Je lui ai dit : « Mon cher ami, vous comprenez que ma fille ayant soixante mille francs de dot, il me faut un gendre dans ces eaux-là. »

— Parfaitement raisonné. Est-ce que Zénobie avait du penchant pour ce roquet ?

— Oh! pas du tout; d'abord ma fille dédaigne un homme qui n'a pas des bottes vernies... C'est peut-être une susceptibilité de sa part... mais c'est plus fort qu'elle.

— Cela prouve la distinction de ses penchants.

— Ensuite Amédée ne savait pas valser... et n'était pas en état de conduire un cotillon !

— C'est un Auverpin alors ! un garçon qui ne va pas dans le monde. Vous ne le recevez plus chez vous, j'espère ?

— Non ; depuis qu'il a appris que ma fille était mariée, je ne l'ai plus revu.

— Je connais un peu la famille du jeune Valmiral, dit Dardanus ; ce sont des gens fort à leur aise. Ils établiront bien leur fils. Le père a été, je crois, notaire en province. Un jour... c'était peu de temps avant mon duel... ayant une somme d'argent assez forte à placer...

— Sapristi ! mesdemoiselles, servez-nous donc... nous mourons de faim, mon beau-père et moi... N'est-ce pas, papa beau-père, que vous mourez de faim?

— Pas tout à fait ! cependant j'ai de l'appétit...

— Je vous disais donc qu'un jour, ayant une

somme assez forte à placer... pas pour moi, mais pour un de mes clients... Savonard me dit... Je ne m'étais pas encore battu avec lui... pauvre Savonard, il n'était pas méchant au fond, mais très-mauvaise tête !... nous nous sommes battus pour une puce qui était sur le bout de son nez, et il prétendit qu'elle était sortie de ma barbe : je ne pouvais pas admettre cela...

— C'est fort intéressant ! eh bien, mesdemoiselles... nos haricots verts ?...

— Voilà, monsieur, voilà !...

— Je reviens à mon affaire avec le notaire... non, avec la somme que j'avais à placer...

— Ou à votre duel pour une puce... choisissez, cela m'est parfaitement égal à moi !

— Monsieur, vous avez l'air de plaisanter, mais mon duel fut une affaire très-sérieuse...

— Et qui vous a fait une terrible impression à ce qu'il paraît, monsieur Dardanus, car vous y revenez sans cesse. Eh bien, moi, monsieur, je me suis battu en duel une dizaine de fois, et je n'en parle jamais. Maintenant c'est une affaire réglée, n'est-ce pas, nous n'en parlerons plus ?

Dardanus se mord les lèvres et ne souffle plus mot.

Pendant la conversation de ces messieurs, mademoiselle Mathilde, qui ne perdait pas son amant de vue, murmurait à chaque instant :

— Il est avec du monde... comme c'est ennuyant!... il ne me voit pas..., mais je saurai bien me faire voir tout à l'heure...

— Ah! c'est ce grand monsieur-là qui est ton amoureux?

— Oui... n'est-ce pas qu'il est bien beau garçon?

— Dame! cela dépend du goût... Il a le teint... d'un blanc verdâtre...

— C'est bien plus distingué, ma chère : tous les hommes sont blancs, jaunes ou très-colorés, mais un homme vert... c'est fort rare!

— Cela me ferait peur à moi! Enfin, tu dois être contente, il n'est pas avec une femme.

— C'est fort heureux pour elle et pour lui. Ce qui m'étonne, c'est que, voyant des femmes à une table, il n'ait pas encore regardé davantage pour s'assurer si elles sont jolies...

— Qu'est-ce que cela peut lui faire?

— Ah! ma petite Lisa, tu ne connais guère les hommes... Le moindre minois éveillé met à ces messieurs l'esprit à l'envers... Tu ne comprends donc pas que les femmes sont créées pour tourner la tête aux hommes... que c'est pour les posséder, quand elles leur plaisent, qu'ils sont capables de commettre les plus grandes folies... les plus grandes fautes quelquefois... Tiens, par exemple : quand un homme se ruine, s'est presque toujours pour une femme...

— Je ne voudrais pas qu'on se ruinât pour moi.

— Mais aussi quand une femme se noie, s'empoisonne, s'asphyxie !... c'est toujours pour un homme.

— Merci !... tu ne me donnes pas envie d'aimer...

— Ah ! il nous lorgne enfin... Il m'a vue... Oh ! il m'a bien reconnue... Il va venir nous parler, j'en suis sûre.

En effet, M. de la Bergerie, en parcourant la salle des yeux, venait d'arrêter ses regards sur les deux jeunes filles, et il a bientôt reconnu l'une d'elle. Aussitôt il dit à son beau-père :

— Pardieu, voilà un heureux hasard !...

— Quoi donc, mon gendre ?

— Voyez-vous ces deux dames qui dînent là-bas ?...

— Oui... Ah ! ce sont des dames ?... je les aurais prises pour des demoiselles...

— Ce sont des dames très-bien posées dans le monde ; l'une est la sœur d'un de nos débiteurs...

— Duquel ?

— De... de... Thomassin, de Rouen.

— Quel est ce Thomassin ?...

— Un gros commissionnaire qui veut se fixer à Paris. Je n'ai pas vu son frère depuis quelque temps... Il a une somme assez ronde à nous compter ; je vais aller demander à sa sœur ce qu'il est devenu... parce qu'enfin, même en s'amusant, il ne faut pas négliger les affaires...

— Très-bien pensé, mon gendre ; allez vous informer de notre débiteur... Oh ! vous êtes un homme prévoyant...

La Bergerie quitte sa place, se dirige vers les deux jeunes filles, les salue aussi respectueusement que s'il abordait de grandes duchesses, et dit à demi voix à Mathilde :

— Que faites-vous ici ? pourquoi y venez-vous ? qu'y cherchez-vous ?

— Ce que nous faisons ? Mais vous le voyez bien, nous dînons. Pourquoi j'y suis venue ? Dans l'espérance de vous y rencontrer : c'est vous que j'y cherchais. Et maintenant, monsieur, voudriez-vous bien me répondre à votre tour... Pourquoi êtes-vous dix jours sans venir me voir, sans passer devant mon magasin, sans me donner de vos nouvelles ? pourquoi n'êtes-vous pas venu me retrouver au spectacle, la dernière fois que vous m'y aviez donné rendez-vous ?... pourquoi ?...

— Oh ! assez, assez, de grâce ma chère amie ! ce

n'est pas ici que je vais répondre à toutes vos questions... Avec qui êtes-vous donc là?

— Avec une de mes amies...

— Ah! je ne la connaissais pas celle-là... Elle est fort gentille... Que fait-elle?

— Des grimaces aux hommes qui la regardent trop souvent, parce que ça lui déplait, vu qu'elle est sage et veut rester sage.

— Toujours la même histoire, nous la connaissons.

— Voyons, monsieur, il n'est pas question de Lisa...

— Ah! elle s'appelle Lisa?

— Dieu! que vous m'impatientez! j'ai bien envie de vous arracher les yeux!

— Pas ici au moins!

— Avec qui donc êtes-vous là-bas?

— Avec un provincial, un vieil imbécile, que je me suis chargé de promener dans Paris, de mener voir les spectacles, les curiosités... C'est même là ce qui m'a empêché d'aller vous voir depuis quelques jours...

— Est-ce vrai, cela?

— Comme il est vrai que pas une Andalouse n'a les yeux plus beaux que les vôtres...

— Hum! flatteur!...

— Êtes-vous toujours dans votre magasin de blanc?

— Assurément; quand on est première demoiselle dans une maison et qu'on y est considérée, on n'a pas envie de changer.

— Ah! vous êtes considérée dans votre magasin?

— Oui, monsieur, je m'en flatte... Eh bien, est-ce que vous n'allez pas ce soir, vous débarrasser de votre provincial?

— Si fait, je le perdrai en sortant d'ici. Allez m'attendre à l'Eldorado, j'irai vous y retrouver.

— Est-ce sûr cela, Rodrigue? n'allez pas nous faire poser...

— Ah! que dites-vous là! je ne voudrais pas donner une si mauvaise idée de moi à mademoiselle Lisa!...

— C'est bon, nous irons à l'Eldorado...

— Mettez-vous dans une loge, je vous trouverai plus vite et nous ne serons pas dans la foule.

— C'est entendu... A bientôt alors!

La Bergerie salue très-profondément les deux amies et va rejoindre son beau-père, auquel il dit :

— Le frère fait un petit voyage en Belgique, mais il sera de retour incessamment.

— Ah! diable!... en Belgique!... mais êtes-vous sûr qu'il reviendra?...

— Oui, oui... soyez tranquille... c'est bon, c'est solide... Eh bien, monsieur Dardanus ne dit plus rien?... C'est son duel qui le préoccupe sans doute... Il est désolé d'avoir tué Savonard, car vous avez tué ce pauvre Savonard, n'est-ce pas monsieur?

— Non, monsieur, je ne l'ai pas tué; grâce au ciel, je ne suis pas aussi féroce que vous paraissez le croire. Et sur ce, j'ai bien l'honneur de vous saluer, messieurs!

Le personnage barbu se lève et s'en va, poursuivi par les adieux de La Bergerie, qui lui crie :

— Bonsoir, monsieur Dardanus!... enchanté d'avoir eu l'avantage de faire votre connaissance! je vous certifie que je n'oublierai pas votre nom.

— Ton La Bergerie connaît les demoiselles qui sont là-bas, dit le jeune Marcellin à son ami Valmiral.

— C'est-à-dire qu'il connaît la brune, car c'est avec elle seule qu'il causait. Je serais bien curieux de savoir si elle est sa maîtresse...

— Il n'y a pas le moindre doute!

— A quoi as-tu vu cela?

— A la manière dont elle le regardait en lui parlant.

— Pauvre Zénobie! il va bien ce monsieur.

Au bout de cinq minutes, les deux jeunes filles se lèvent et partent. Lorsqu'elles passent devant la table où M. Philamour est assis avec son gendre, le marchand de planches croit devoir se lever et adresser à Mathilde un salut fort respectueux, sur lequel La Bergerie renchérit encore, mais en réprimant avec peine son envie de rire.

Valmiral se lève alors, ainsi que son ami, auquel il dit :

— Suivons ces dames... Je veux voir si La Bergerie viendra les rejoindre. Et il sort avec son compagnon, en détournant la tête lorsqu'il passe près de M. Philamour.

Bientôt La Bergerie dit à son beau-père :

— Venez, homme aimable, nous ne prendrons pas le café ici... Je vais vous mener où il est bon.

— Très-bien, mon gendre, je vous suis. Oh! je m'en rapporte à vous pour connaître les bons endroits.

La salle ne tarde pas à se vider entièrement; il ne reste plus que le monsieur qui appelait les demoiselles garçons. Il est en train de se disputer avec elles au sujet de sa carte, sur laquelle on lui a compté douze sous de pain, et s'écrie :

— Qu'est-ce que cela veut dire?... Il y a erreur... Pourquoi comptez-vous douze sous de pain?

— Parce que vous en avez redemandé six fois, monsieur, et six fois deux ça fait bien douze...

— Mais cela ne s'est jamais vu ! Partout où l'on dîne, le pain est à discrétion... même dans les restaurants à trente-deux sous !

— C'est possible, monsieur, mais ce n'est pas comme cela ici... Chaque fois que l'on demande du pain, c'est dix centimes.

— Eh bien, c'est agréable !... Je m'en souviendrai de votre bouillon !

V

A L'ELDORADO

En sortant du restaurant-bouillon, La Bergerie conduit son beau-père dans un café, et là, tout en lui offrant une grande variété de petits verres, pense au moyen de se débarrasser de lui.

M. Philamour, qui a déjà la tête échauffée par les différents glorias que son gendre lui fait goûter, est devenu de la couleur du homard... quand il est cuit, bien entendu, et balbutie en avalant du curaçao :

— Mon gendre, où irons-nous en sortant d'ici?... Je me sens en train de m'amuser, et vous comprenez que je n'ai pas envie de rentrer me coucher de bonne heure...

— Parbleu, je le crois bien ! qui est-ce qui se

couche de bonne heure ? Les imbéciles, qui trouvent probablement que la vie est trop longue et qui tâchent d'en dormir une grande partie...

— C'est juste; vous avez raison, mon gendre; quand on dort, c'est à peu près comme si on était mort !

— C'est tout à fait la même chose !

— Alors, pour vivre plus longtemps, on devrait ne jamais dormir.

— On y gagnerait une vingtaine d'années au moins.

— J'ai envie d'essayer et de ne plus me coucher...

— Vous feriez très-bien... En quinze jours vous en aurez au moins vécu trois de plus !

— En attendant, que ferons-nous ce soir ?... J'ai entendu beaucoup parler des cafés-concerts; croiriez-vous que moi, habitant de Paris, je n'en ai pas encore vu un seul ?...

— Vous m'étonnez ?

— Ah ! vous concevez, avant de marier ma fille, tout à mon commerce, je ne sortais de mon faubourg Saint-Antoine que rarement, et quand Zénobie voulait absolument aller au spectacle.

— Il faut réparer le temps perdu...

— On m'a cité comme les principaux l'*Alcazar*, l'*Eldorado*... *Bataclan*...

— *Bataclan* fera bien votre affaire... Nous allons nous y rendre... c'est-à-dire je vais vous y conduire... vous mettre sur le chemin ; ensuite j'irai vous y rejoindre...

— Pourquoi n'y venez-vous pas tout de suite avec moi ?

— Parce que j'ai ce soir un rendez-vous avec un riche négociant de Bordeaux, qui doit me donner une forte commande de planches, et qu'il ne faut jamais manquer l'occasion de gagner de l'argent.

— Bravo, mon gendre ! vous faites tout marcher de front : les plaisirs et les affaires...

— Moi ! j'ai vu mener quatre intrigues à la fois, et réussir partout !

— Quatre intrigues ?...

— Par intrigues j'entends des commissions bien embrouillées et qu'il fallait souffler à d'autres courtiers...

— Je comprends !... Oh ! vous arriverez !... Il est très-bon ce curaçao !...

— Eh bien, maintenant, en route pour *Bataclan* !...

La Bergerie emmène son beau-père ; lorsqu'ils ne sont plus qu'à cent pas du café, qui est situé sur le boulevard du Prince-Eugène, il le lui montre, en lui disant :

— Voilà *Bataclan*. Allez, entrez, faites-vous servir tout ce qui vous sera agréable; avant peu j'irai vous retrouver.

Puis, s'étant débarrassé de son beau-père, La Bergerie, ou Rodrigue, car nous avons vu que ce monsieur portait plusieurs noms, se dirige vers le boulevard de Strasbourg, à l'entrée duquel est l'Eldorado.

C'était là que Mathilde et son amie, la jolie Lisa, s'étaient rendues en sortant de dîner. La jeune blonde disait à sa compagne :

— Tu me mènes dans un café chantant !... Mais j'ai entendu dire que des demoiselles ne devaient pas aller sans cavalier dans ces endroits-là ?

— Bah ! des bêtises !... Les femmes vont partout à présent, même à l'orchestre des théâtres, où elles n'étaient pas admises autrefois. D'ailleurs, puisque nous allons dans une loge, nous ne serons pas mêlées avec la foule... Dis donc, il m'a semblé que Rodrigue, tout en me parlant, te regardait beaucoup.

— Mais oui... Ton homme presque vert a des yeux qui ont un tel éclat !... je m'empressais de baisser les miens.

— Ah! le gueux! le polisson!... S'il te dit quelque chose tu me le rediras, j'espère?

— Puisque tu seras là, ne crois-tu pas qu'il va me parler bas devant toi?

— Oh! je le crois capable de tout.

Mathilde et Lisa sont entrées à l'Eldorado, où il y a beaucoup de monde, et se font donner une loge. La jeune blonde ose à peine avancer au milieu de la foule et sous le feu de tous les regards braqués sur elle; mais la belle brune marche hardiment, la tête haute, et sans s'occuper de tout ce qui se dit sur son passage.

On place ces dames dans une loge qui est vide. Mais dans la loge à côté sont deux jeunes femmes, mises avec beaucoup d'élégance, qui parlent très-haut, rient aux éclats à chaque minutes, et font tout ce qu'il faut pour se faire remarquer; ce sont deux lorettes du quartier Bréda. Elles sont bien plus parées que les deux jeunes filles qui viennent d'entrer, mais celles-ci sont bien plus jolies; ce qui fait que des deux côtés elles se regardent comme des chiens de faïence.

Armand Valmiral et son ami Marcellin étaient aussi à l'Eldorado, car, de loin, ils avaient suivi les deux jeunes filles; l'un, poussé par la curiosité, voulant savoir si La Bergerie viendrait retrouver la jolie brune; l'autre, éprouvant le désir de faire connaissance avec la blonde qui avait l'air si novice. Ces messieurs étaient allés se placer dans le couloir derrière les loges; de là ils pouvaient tout à leur aise examiner, regarder les personnes qu'ils avaient suivies. Lisa ne se retournait jamais; Mathilde tournait quelquefois la tête pour voir si elle apercevrait son Rodrigue, mais ne faisait aucune attention aux deux jeunes gens. Il n'en était pas de même des lorettes, qui, voyant ces messieurs rester dans le couloir derrière leur loge, étaient persuadées qu'elles avaient fait leur conquête, et se mettent à dialoguer de façon à être entendues :

— Topsalie, ne trouves-tu pas qu'il fait une chaleur étouffante, ici?

— Oui, mêlée d'une foule d'odeurs.

— Ça me fait soif, à moi... Ce mazagran ne m'a pas désaltérée du tout.

— Qu'est-ce que nous pourrions donc bien prendre à présent?...

— Je ne sais pas... Attendons.

— Je mangerais bien des oranges, moi... Si on m'en offrait, je te jure... par les cheveux de ma tante, que je les accepterais.

— Qu'elle est bête avec les cheveux de sa tante!...

— A propos de cheveux, tu ne sais pas, j'ai renvoyé ma femme de chambre !

— Tiens, pourquoi donc est-ce qu'lle te volait tes chignons ?

— Oh! d'abord, ma chère, je ne crains pas qu'on me les vole, vu que je ne porte pas de faux... Mon chignon est bien à moi, je m'en flatte... épais, long, fourni, rien n'y manque ! Dernièrement, j'ai gagné cinq cents francs au petit vicomte grec ; il avait parié avec moi que je ne me décoifferais pas devant lui... Je me suis décoiffée, j'ai laissé tout flotter... Il a été ébloui ; il voulait me faire photographier, coiffée en Ève.

— Et tu n'as pas voulu ?

— Non, on aurait cru que je posais pour les peintres !... Fi l'horreur !

— Dans tout cela tu ne m'as pas dit pourquoi tu avais renvoyé ta femme de chambre.

— Ma chère, elle mettait mes robes... Conçois-tu cette effronterie ? Un jour, Clara me dit... tu sais bien Clara... qui fume par le nez?... eh bien, elle me dit : — J'ai vu ta bonne à la Closerie, elle était pimpante, elle avait ta robe de soie bleue avec le corsage garni de boutons d'acier... Oh! alors je bondis de colère, et j'ai mis cette demoiselle à la porte... Tu sens bien que je n'ai jamais reporté la robe qu'elle avait sagouinée... Dis donc... avec tout cela, ces deux ostrogots qui sont plantés là, derrière, ne nous offrent rien !... nous leur avions cependant bien indiqué la manière de s'y prendre !

— Ce sont deux serins !... Je crois qu'ils lorgnent ces mijaurées d'à-côté...

— Merci, fameux genre ! des robes comme on les faisait l'année dernière... rien aux oreilles !... Ce sont des panées.

De son côté, Lisa disait tout bas à son amie :

— Est-ce que c'est l'habitude ici de parler tout haut, ainsi que le font ces deux dames à côté de nous ?

— Deux dames ! répond Mathilde, tu es bien honnête de prendre cela pour des dames ! ce sont des grues !...

Un monsieur arrive, en fredonnant, en faisant beaucoup de bruit ; on l'entend avant de le voir. C'est le gendre de M. Philamour. Il se fait ouvrir la loge où sont placées les jeunes ouvrières, s'assoit de façon à être plutôt derrière Lisa que derrière Mathilde, en s'écriant :

— Me voilà ! j'espère que je suis de parole... Avez-vous demandé ce que vous voulez prendre, mesdames ?...

— Non, Rodrigue, nous vous attendions...

— Eh bien, que voulez-vous?... parlez...

— Mon Dieu... de la bière... des bocks...

— Fi donc! de la bière... c'est bon pour les fumeurs... Voilà une jeune blondinette qui doit préférer ce qui est sucré... Garçon, du punch!... un punch glacé à la romaine!... et vivement.

Un cri est parti de la loge à côté ; celle des deux lorettes qui se nomme Tepsalie s'est retournée au son de la voix de La Bergerie, en disant :

— C'est lui!... c'est La Bergerie! je l'aurais deviné rien qu'en l'entendant demander du punch à la romaine... c'est son punch favori...

— Tiens, c'est vrai, c'est La Bergerie... Bonsoir, mon bon !...

La Bergerie, auquel toutes ces phrases s'adressent, s'empresse de saluer les deux cocottes :

— Bonsoir, mesdames!... Enchanté de la rencontre!... Vous allez bien, cela se voit!... Vous êtes rayonnantes de beauté !

— Ah! qu'il est bête ! il nous compare au soleil... Et vous, La Bergerie, êtes-vous toujours mauvais sujet... farceur... bambocheur?...

— Moi? ah! vous me flattez, mesdames!... je ne mérite pas tous ces éloges !

— Mais si... oh ! votre réputation est faite.

— Je pourrais vous répondre, comme *Figaro*, que

je vaux mieux que ma réputation, mais je ne me défendrai jamais d'aimer les femmes, je m'en fais gloire même.

— Est-il gentil ! il se fait gloire de nous aimer. On vous le rend bien, mauvais monstre.

Pendant cette conversation, Mathilde se mord les lèvres de colère, puis elle dit bas à son amant :

— Est-ce que cela ne va pas bientôt finir tout cela? Vous connaissez donc ces femmes?

— Mais oui, je me suis trouvé avec elles... dans le monde.

— Oh ! dans le monde! c'est-à-dire au Casino ou au bal de l'Opéra.

— Mais je vous assure que ce sont des femmes très comme il faut !

— Oui, comme il faut qu'il y en ait pour vous messieurs les coureurs ! Me prenez-vous pour une oie?... Ces femmes sont des cocottes !

— Pas du tout... ce sont des artistes en herbe.

— Quelle herbe?... du chiendent alors...

— Ne parlez donc pas si haut !

— Avec ça qu'elles se gênent pour crier, elles! Et pourquoi vous appellent-elles La Bergerie?

— Parce que c'est aussi mon nom.

— Vous êtes donc un calendrier ambulant?...

— Ah! voilà le punch... Charmante Lisa, ceci sera de votre goût, j'espère...

— Merci, monsieur...

— Tâchez de laisser Lisa tranquille ; elle est ici sous ma protection, je réponds d'elle.

— Oui, mais vous ne répondez pas de vous !... Ah! on chante.

— Est-ce la *fameuse Thérésa?*

— Non, elle n'est pas à ce café. Mais il y a ici des chanteuses qui ont aussi la vogue...

La demoiselle qui s'appelle Tepsalie se penche vers le bord de la loge contre laquelle est La Bergerie, et lui dit à l'oreille :

— Qu'est-ce que c'est donc que ces deux emplâtres avec qui tu es ?

— Ce sont des demoiselles de province qui viennent à Paris pour y apprendre le commerce. On les a confiées à ma garde.

— Il a du nez celui qui te les a confiées !... Tu leur apprendras de belles choses! Si c'est toi qui les habilles, tu ne t'es pas encore ruiné pour elles.

— Leurs parents ne veulent pas qu'elles soient coquettes.

— Ah ! elle est bonne celle-là !... Je m'en souviendrai de ces parents-là ! Est-ce que tu ne pourrais pas les planter là et venir avec nous ?

— Oh ! impossible, belles dames... Je dois veiller sur ces jeunes personnes ! j'en réponds sur ma tête.

— Bon répondant !

Mathilde se retourne et lance à Tepsalie un regard tellement foudroyant, que celle-ci en est toute saisie, et qu'elle cesse de parler à La Bergerie, en murmurant :

— Tiens ! tiens !... mais elle a du tigre celle-là... elle ira... elle a de l'œil !

La Bergerie verse de nouveau du punch glacé à Lisa, et lui présente le verre en se penchant vers elle de manière à pouvoir lui dire tout bas :

— Vous êtes ravissante, et je vous adore !...

— Qu'est-ce qu'il t'a dit? s'écrie Mathilde, en se retournant vivement.

— Je n'ai pas entendu, répond Lisa.

— Je le crois bien, je n'ai rien dit ! reprend La Bergerie en souriant.

— Moi, je vous dis que vous avez parlé à Lisa. Vous ne savez donc pas que je vois sans regarder ?

— J'ignorais que vous jouissiez de cette faculté.

— Vous le savez à présent, prenez garde.

Quelques minutes s'écoulent ; on chantait un duo, chacun prêtait l'oreille à la musique... Tout à coup un petit cri se fait entendre. C'est le terrible La Bergerie, qui ne pouvant plus se pencher vers Lisa pour lui parler bas, venait de glisser une de ses mains au bas de la taille de la jolie blonde et l'avait pincée à certain endroit, non pas de façon à la faire crier, si elle avait eu l'habitude de cette manière de faire sa cour; mais Lisa n'en avait pas l'habitude.

Le cri de la jeune fille a consterné La Bergerie. Mais Mathilde, qui a tout compris, se lève aussitôt et applique un vigoureux soufflet sur le visage de ce monsieur, en lui disant :

— Tenez, monsieur Rodrigue La Bergerie, voilà ce que mérite votre insulte. Viens, Lisa; laissons ce monsieur avec ses cocottes, qu'il pourra pincer tout à son aise; mais qu'il ne s'avise jamais de me parler, ou je lui en promets autant sur l'autre joue.

Le petit cri de Lisa, puis le bruit du soufflet avaient attiré l'attention de toute la salle. Les regards se portent vers la loge. Les chanteurs s'arrêtent; mais Mathilde emmène Lisa, qui a les yeux pleins de larmes et suit son amie en balbutiant : Si j'avais su !... je n'aurais pas crié !

Valmiral et son ami Marcellin quittent aussi l'Eldorado; le premier, en disant :

— Me voilà maintenant édifié sur le compte du mari de Zénobie... Je vois que je ne m'étais pas trompé dans le jugement que j'avais porté sur ce monsieur!

— C'est un impertinent! répond Marcellin; il est cause que cette petite blonde est partie en pleurant... Ah! j'avais envie de le provoquer cet homme!...

— Mon ami, c'est triste à dire, mais si tu provoquais tous ces messieurs qui passent leur temps à pincer les femmes, tu aurais des duels tous les jours!

Le beau La Bergerie est resté un moment stupéfait sous le coup de son soufflet, puis il se met à rire aux éclats, en disant:

— Eh bien, parole d'honneur, il y a de quoi redevenir amoureux d'elle!

— Elle va bien, ta demoiselle de province! dit Tepsalie; c'est une élève qui te fera honneur.

VI

UNE JEUNE MÈRE ET SON ENFANT

Peu de temps après la scène arrivée au café de l'Eldorado, Valmiral passait sur les trois heures de l'après-midi sur le boulevard Montmartre; il voulait traverser la chaussée pour se rendre dans le passage des Panoramas, mais cela n'était pas facile : l'affluence des voitures était telle qu'il eût été téméraire de risquer le passage, car, aux voitures bourgeoises et aux fiacres, se joignaient encore les omnibus et les services des chemins de fer ; il fallait donc attendre qu'il se fît une trouée, et encore fallait-il passer vite si l'on ne voulait pas être atteint par les chevaux et renversé sous les voitures, que les cochers n'étaient pas toujours maîtres d'arrêter.

Valmiral, n'étant pas pressé, s'arrête sur le boulevard et va allumer un cigare, lorsqu'il se sent prendre le bras. C'est M. Philamour qui vient de l'accoster. L'ancien marchand de planches a le teint moins coloré et l'air moins satisfait qu'à l'ordinaire ; il y a même sur sa physionomie bête quelque chose d'effaré qui dénote du souci. Il presse la main au jeune homme qu'il vient d'aborder.

— Bonjour, mon cher Valmiral ! comment cela va-t-il ? Qu'est-ce que vous faites donc là ?

— Mais vous le voyez, ne voulant pas me faire écraser, j'attends que les voitures veulent bien me livrer passage.

— Ah ! c'est vrai !... à cette heure-ci, on s'écrase beaucoup sur ce boulevard... Moi, je l'ai été deux ou trois fois...

— Écrasé ?

— Pas entièrement, mais bousculé... poussé par les chevaux... Dites donc, vous ne devineriez jamais d'où je sors ?

— Mais de chez vous sans doute ou de chez madame votre fille.

— Vous n'y êtes pas ! je sors du corps de garde, où j'ai passé la nuit !

— Vous vous êtes donc trouvé hier dans quelque bataille ? vous vous êtes battu avec quelqu'un ?

— Moi, jamais je ne me suis battu avec personne... je ne ressemble pas à Dardanus !... Vous connaissez Dardanus ?

— Oui, oui ; mais alors qu'alliez-vous faire au corps de garde ?

— Voilà ce que c'est... Mon gendre La Bergerie... vous connaissez mon gendre ?

— Oui, et beaucoup mieux que vous peut-être ! Mais continuez...

— Mon gendre, qui a des idées lumineuses et de l'esprit pour quatre personnes au moins... me faisait l'autre jour ce raisonnement : « Papa beau-père... —c'est ainsi qu'il me nomme toujours dans nos épanchements intimes, — papa beau-père, dormir, c'est perdre du temps... ce n'est plus vivre... ne dormez pas, vous vivrez bien davantage ! Mais, pour ne pas dormir, il ne faut pas vous coucher, car, si vous vous couchez, la position horizontale provoquant au repos, vous vous endormirez malgré vous. Très-bien ! alors moi, depuis ce temps, afin de vivre bien plus, j'ai tâché de m'habituer à ne plus me coucher ; je reste le dernier dans les établissements publics, j'entre dans les cafés où l'on soupe... je n'en sors que lorsqu'on ferme ; souvent alors je me promène, je flâne sur les boulevards ; malheureusement cela me fa-

4

tigue ; alors je m'assois sur le premier banc que j'aperçois, et... voyez ce que c'est que l'habitude ! je m'y endors sans le vouloir. C'est ce qui m'est arrivé la nuit dernière. Il paraît que je m'étais endormi sur le boulevard Bonne-Nouvelle ; la garde a passé et m'a réveillé, en me demandant ce que je faisais là ? J'ai répondu : « Je me promène, — car je croyais encore me promener. — Pourquoi ne rentrez-vous pas chez vous ? — Parce que je ne veux pas me coucher. — On peut rentrer chez soi sans se coucher. Vos papiers?... » Je n'avais pour tout papier qu'une recette pour faire du chocolat sans cacao. Je dis mon nom, mon adresse ; mais un inspecteur de nuit dit au caporal : « Cet homme m'est suspect ; voilà plusieurs fois que je le trouve au milieu de la nuit dormant sur des bancs ou sur des bornes... Une nuit, même, il s'était endormi dans une colonne décente ! Tout cela n'est pas naturel ; il faut le garder au corps de garde. Demain, on s'informera. » Et là-dessus on m'a conduit au corps de garde, on m'a mis au violon, et croiriez-vous que j'ai eu encore la faiblesse d'y dormir?... Je ne fais plus que ça depuis que je ne veux pas me coucher. J'ai fait un somme jusqu'à onze heures. Alors on s'est souvenu de moi ; on a envoyé aux informations et mon portier est venu me réclamer... On m'a rendu à la liberté en m'invitant à ne plus dormir dans la rue. J'ai payé à déjeuner à mon portier... et me voilà... Que dites-vous de tout ça?

— Que je ne vous conseille pas de suivre les conseils de monsieur votre gendre; vous voyez où ils vous conduisent.

— C'est vrai... ça ne m'a pas réussi... Je crois que je ferai mieux de me coucher... O les habitudes! comme c'est tenace!

— Et les affaires? êtes-vous content? cela marche-t-il?

— Oh! cela marche extrêmement vite... J'avais un immense assortiment de planches en magasin : tout cela est parti! vendu par mon gendre... expédié, enlevé!... Il n'y a plus rien dans mes magasins.

— Est-ce que vous n'achetez pas d'autre marchandise?

— Si fait... nous en attendons... mais La Bergerie en fait venir de fort loin, parce que ce sera meilleur et moins cher... par exemple, c'est long à arriver; en ce moment vous me demanderiez une planche pour faire une cloison, que je ne pourrais pas vous la donner.

— Et madame votre fille se porte bien?...

— Pardieu! avec un mari comme elle en a un, je voudrais bien voir qu'elle fût malade!... Ah! ah! vous en teniez pour ma fille!... Mais vous concevez, mon petit, ce n'était pas un gendre comme vous qu'il me fallait !... Vous êtes un fort honnête jeune homme ! mais ma fille voulait un mari qui fît grande figure... elle veut avoir voiture...

— Est-ce que votre gendre lui en a donné une ?

— Non, pas encore ; mais cela ne saurait tarder... Zénobie voulait un mari dans le progrès... vous savez ce que c'est que le progrès ?

— Et vous, monsieur, comment le comprenez-vous ?

— Moi ?... oh ! bigre !... le progrès... c'est d'abord de faire tout autrement que l'on faisait jadis... Ainsi, par exemple, moi, j'ai mis trente ans à faire une petite fortune... Eh bien, le progrès fera en cinq ans ce que j'ai fait en trente, voilà toute l'affaire.

— Mais, monsieur, emploiera-t-on toujours des moyens bien licites pour réussir si vite ?

— Oh ! parfaitement ; on est plus adroit, plus fin, voilà tout. Vous, mon cher ami, vous tenez trop aux anciennes formes, vous ne suivez pas le mouvement. Il fallait à Zénobie un mari dans le mouvement...

— En effet, monsieur, je vois que je n'aurais pas fait le bonheur de madame votre fille...

— Adieu, mon cher ami, je vais rentrer chez moi.. Ma domestique doit être inquiète de ma longue absence... Je ne lui dirai pas que j'ai couché au corps de garde !

— Pourquoi donc ? cela doit être dans le progrès !

— Du reste, elle est très-contente quand je ne me couche pas, parce que cela lui évite la peine de faire mon lit. Au revoir, cher ami !

— Vieil imbécile ! se dit Valmiral, en regardant Philamour s'éloigner. Nous verrons dans quelque temps ce que tu diras de ton gendre !... et je crois que cela ne tardera pas. Mais voyons si l'on peut traverser maintenant.

Le jeune homme se tourne vers la chaussée, où il y a toujours une grande affluence de voitures. Cependant il se risque et va passer, lorsqu'un cri déchirant se fait entendre à son oreille : une petite fille de quatre à cinq ans, qui était avec sa mère, vient de lui quitter le bras pour passer plus vite avant une voiture ; sa mère a voulu en vain la retenir. Mais l'enfant n'a pas vu une autre voiture, qui venait dans un sens opposé et qui va la renverser. C'est l'approche de cette autre voiture qui a fait pousser un cri à la pauvre mère, qui aperçoit le danger que court sa fille.

D'un coup d'œil Valmiral a vu le péril de l'enfant : s'élancer, la prendre dans ses bras et se tenir bravement au milieu de la chaussée, tout cela est pour lui l'affaire d'une seconde. Les deux voitures ont passé près de lui, l'une à sa droite, l'autre à sa gauche, mais sans le toucher, et la petite fille livrée à elle-même n'aurait pas ainsi su éviter le péril. Le passage devenu libre, le jeune homme, tenant toujours l'enfant dans ses bras, court le porter à sa mère. Il trouve celle-ci, pâle, haletante, la figure bouleversée ; elle a cru sa fille foulée sous les pieds des chevaux.

— Elle n'a rien, madame, elle n'a rien !... crie de loin Valmiral. Et la jeune mère peut à peine en croire ses yeux ; il faut qu'elle touche sa fille, qu'elle la presse dans ses bras, tout cela sans avoir la force de parler, tandis que l'enfant l'embrasse, en lui criant :

— Maman ! ma petite maman, j'ai eu tort de te lâcher la main... tu me l'avais défendu... mais je ne le ferai plus... Oh ! non, je ne le ferai plus.

La jeune dame veut balbutier un remercîment à celui qui a sauvé sa fille, mais elle n'en a pas la force ; l'émotion, la terreur qu'elle a éprouvées ont été très fortes, elle perd connaissance. On la transporte dans un café voisin.

Là, grâce à de l'eau fraîche, avec laquelle Valmiral baptise ses tempes, elle ne tarde pas à rouvrir les yeux et commence par embrasser sa fille, qui pleure rait, parce que sa maman ne parlait plus. Puis, se tournant vers le jeune homme auquel elle doit tant, d'une voix encore tremblante, elle murmure :

— Monsieur, je ne sais comment vous exprimer ma reconnaissance... Mais je vous dois plus que la vie, car je vous dois celle de ma fille... qui est tout mon bien... toute ma consolation... Ah ! perdre mon enfant, ce serait pour moi un tel malheur, que je n'ose pas même l'envisager... Vous voyez que vous avez sauvé deux personnes en sauvant ma petite Marie.

— Je suis bien heureux, madame, d'être arrivé assez à temps pour empêcher un grand malheur... Ce que j'ai fait est tout naturel... et je ne doute pas que tout autre à ma place n'eût agi comme moi... Mais comment vous trouvez-vous à présent, madame? vous êtes bien pâle...

— Je suis mieux... seulement je n'ai plus de force... et malgré moi, je tremble toujours...

— Ma petite maman, tu es donc malade?

— Cela va se passer, j'espère...

— Madame, dans l'état où vous êtes, vous ne pouvez retourner chez vous à pied... Permettez-moi de faire avancer une voiture... il y en a à deux pas...

— Mon Dieu, monsieur, je vous cause bien du dérangement...

— Aucun, madame.

— Ah! Marie, tu m'as fait une horrible frayeur! dit la jeune dame en embrassant de nouveau sa fille; tu vois ce que c'est que de désobéir à sa mère... Il est vrai que moi-même j'aurais dû mieux tenir ta main, mais je ne croyais pas que tu aurais l'idée de me quitter...

— Maman, j'avais cru passer bien vite en courant... pardonne-moi... Oh! cela ne m'arrivera plus... j'ai eu si peur!... Quand ce monsieur m'a prise dans ses bras, je ne savais plus de quel côté aller...

— Pauvre enfant!

Valmiral revient annoncer que la voiture est là. Il offre son bras à la jeune dame, qui est heureuse de l'accepter, car ses jambes sont encore tremblantes. La petite fille a pris la main de sa maman, que rien au monde ne lui ferait quitter maintenant. Lorsqu'il a placé la jeune mère et son enfant dans la voiture, Valmiral s'arrête devant la portière, en disant :

— Madame, si je ne craignais pas d'être indiscret, je vous demanderais à vous accompagner jusque chez vous, car vous êtes encore trop faible pour monter seule votre escalier...

— Et nous logeons bien haut! dit la petite fille.

— Monsieur, en vérité... tant de complaisance... je crains d'abuser...

Le jeune homme n'en entend pas davantage; il est déjà dans le fiacre.

— Où allons-nous ? dit le cocher.

— Rue de Bretagne, au Marais... Je ne sais pas bien le numéro... C'est un petit hôtel... Je vous arrêterai devant la maison.

On part : la petite fille est bien joyeuse d'aller en voiture, et Valmiral, assis devant la jeune mère, peu examiner tout à son aise celle dont il a sauvé l'enfant.

C'est une femme de vingt-cinq ans, frêle, mignonne, blonde ; ses traits sont fins, réguliers ; ce n'est point une beauté, mais elle a du charme ; ses yeux bleus ont une expression de douceur qui attire, sa bouche a un sourire qui séduit ; mais sur tout cela règne comme un voile de tristesse ; il y a une expression de mélancolie qui semble habituelle à ce doux visage, presque toujours pâle, et qui annonce une souffrance secrète.

La petite fille, qui peut avoir de quatre à cinq ans, est fort gentille et mignonne comme sa mère, dont elle a tous les traits. Mais sur son frais visage brillent les couleurs de la quiétude et de la santé, ce qui manque justement à sa maman.

Valmiral a vu tout cela sans avoir l'air d'observer, et dit à la jeune dame :

— Paris devient bien difficile pour les piétons, et il y a certains quartiers, comme par exemple le boulevard sur lequel vous vous trouviez, madame, où, de trois à six heures du soir, il faut une grande prudence ou une grande habitude pour se risquer à passer entre les voitures, quoique les sergents de ville fassent leur possible pour maintenir l'ordre.

— Oh! oui, monsieur, et jugez de ce que cela doit être pour une personne qui ne connaît pas Paris, qui l'habite depuis huit jours seulement et n'y était jamais venue avant !

— Quoi ! madame, vous ne seriez à Paris que depuis si peu de temps?

— Oui, monsieur, il y a huit jours, pas davantage, que j'y suis arrivée avec ma fille.

— Et vous habitiez loin d'ici ?

— Mais assez loin, j'habitais Joinville, en Champagne ; une assez jolie ville, aux environs de Saint-Dizier...

— C'est à près de cinquante lieues d'ici, je crois?

— Oui, monsieur, c'est à Joinville que je suis née... Je ne croyais pas quitter jamais mon pays !...

— Et vous venez vous fixer à Paris, madame?...

Oh ! mais pardon, mes questions sont peut-être indiscrètes !...

— Nullement, monsieur, je vous dois déjà une éternelle reconnaissance... Je n'ai aucune raison pour cacher le motif de mon voyage... Et peut-être voudrez-vous bien encore me guider, m'aider de vos conseils pour les recherches que je viens faire à Paris.

— Si je puis vous être bon à quelque chose, parlez, madame, je serai heureux que vous m'en fournissiez l'occasion.

— Monsieur, je dois d'abord vous dire que je suis mariée.

— Je le présumais, madame.

— Oui... je me suis mariée à dix-neuf ans, j'avais encore ma bonne mère alors !... Hélas ! je l'ai perdue un an après mon mariage... Mais le ciel me donna un enfant pour m'aider à supporter ce malheur...

— Et monsieur votre époux devait aussi chercher à vous distraire?

— Mon mari... oui... Mais les hommes ne sont pas sensibles comme nous... Et puis le soin de ses affaires absorbait mon mari...

— Vous étiez dans le commerce?

— Non, monsieur, mais mon époux... monsieur

Damfleury, faisait des affaires avec l'étranger... Il frétait des bâtiments qui allaient en Amérique... où il faisait vendre sa cargaison... C'est du moins ce qu'il me disait, car, moi, je n'entends rien à tout cela !... Seulement, ce qui me contrariait, c'est que mon mari était souvent obligé de me quitter, pour aller inspecter les bâtiments qu'il frétait. Bientôt ses absences devinrent plus fréquentes, plus prolongées ; quand je m'en plaignis à mon mari, il me dit qu'il avait fait dans son commerce des pertes considérables, et qu'il fallait bien qu'il s'occupât à les réparer.

— Aviez-vous, en vous mariant, madame, apporté de la fortune à monsieur votre époux ?

— J'avais en dot une quarantaine de mille francs. De plus, la maison que j'habitais avec ma mère était à nous. Cependant, je m'apercevais bien que depuis quelque temps, mon mari avait souvent des altercations avec des personnes qui venaient lui demander de l'argent. C'est à cette époque qu'il s'absenta de nouveau. Il y a de cela seize mois... Oh! je n'ai pas oublié la date. Un mois s'écoula, j'attendais son retour, lorsque je reçus de lui une lettre datée du Havre ; oh ! je la sais par cœur, cette lettre... Voici ce qu'elle me marquait : « Ma chère Camille, nous sommes à peu près ruinés, je ne veux pas rester dans cette position. Avec le peu qui me reste, je pars pour l'Amérique, où j'espère rétablir mes affaires et revenir te faire un sort brillant à toi et à notre enfant. Mais si, dans six mois d'ici, tu n'as pas reçu de mes nouvelles, c'est que je serai mort et tu pourras porter mon deuil. »

— Quoi ! vous quitter ainsi sans vous avoir embrassée, sans couvrir de baisers le front de cette enfant ?...

— Oui, monsieur. Ah ! je ne saurais vous dire quel fut mon chagrin, car j'aimais mon mari et j'aurais bien préféré me rendre en Amérique avec lui. Mais ce n'est pas tout : monsieur Damfleury ne m'avait laissé que peu d'argent... J'allais me résigner à vendre ma maison... lorsque j'appris qu'elle l'était déjà... Mon mari m'avait fait signer un pouvoir sans me dire pourquoi... et il avait vendu la maison où j'étais née... et dont on allait bientôt me chasser !...

— Ah ! c'est mal cela !... c'est très-mal !...

— Je réalisai ce qui me restait en meubles, en bijoux ; je me logeai bien modestement. Heureusement à Joinville les logements ne sont pas chers, et je me mis à faire de la lingerie, car il me fallait songer à élever ma petite Marie, et je ne voulais pas que cette chère enfant manquât de rien. J'étais bien connue, bien aimée dans mon pays et chacun s'empressait de me fournir de l'ouvrage. Je me disais : Mon mari reviendra et avec lui l'aisance et le bonheur. Mais hélas ! les six mois s'écoulèrent ! puis sept... puis huit, et je ne recevais pas de nouvelles de lui. Enfin l'année se passa... et rien... rien... J'embrassai ma fille, en lui disant : « Tout est fini ! tu n'as plus de père, tu n'as plus que moi sur la terre, mais pour toi, je dois vivre et savoir supporter ma douleur... »

— Pauvre dame !... si jeune, et déjà tant de peines...

— Pardon, monsieur, mais je n'ai pas achevé mon récit. Je me considérais comme veuve et tâchais de me résigner à mon sort ; lorsqu'il y a trois semaines, oui.. trois semaines demain, un habitant de Joinville, nommé Richard, qui venait de faire un voyage à Paris, vint me trouver, et me dit : « Mais vous n'êtes pas veuve, ma chère dame, votre mari est à Paris, je l'y ai vu, oh ! vu comme je vous vois... »
— Ce n'est pas possible, m'écriai-je ! si mon mari était vivant, il m'aurait écrit ; vous vous serez trompé.
—Je ne me suis pas trompé, reprit monsieur Richard, je connais parfaitement votre mari, qui est reconnaissable d'ailleurs... C'est au spectacle que je l'ai

vu, il était dans une loge avec une dame. — Mais alors vous avez été lui parler? dis-je. — Je ne l'ai aperçu que pendant le dernier acte de la pièce ; je comptais bien le rejoindre à la sortie, mais il y avait tant de monde, je ne l'ai plus retrouvé... il sera sorti par un autre côté que moi. Mais c'est lui, je vous jure que c'est bien lui. »

« Jugez, monsieur, quelle fut ma surprise, mon anxiété en apprenant cela. Ce monsieur Richard est un honnête homme et qui ne pouvait vouloir me tromper. Il avait vu mon mari, et avec une femme, dans une loge. Mon parti fut bientôt pris. Je vendis tout ce qui me restait encore, je réalisai tout ce que je possédais, et je dis à ma petite Marie : « Nous allons aller à Paris chercher ton père... »

— Oh! moi, j'étais bien contente de savoir que papa n'était pas mort, et que nous allions le retrouver!... N'est-ce pas, maman, que nous le retrouverons ?

— Hélas! ma chère enfant, il y a huit jours que nous sommes à Paris, et nous n'y avons pas encore aperçu ton père... Ah! monsieur, vous devez juger quel est mon embarras pour m'informer... me renseigner... Je ne connais personne, ici... et quand je demande quelque part si l'on connaît monsieur Damfleury, on me répond : « Qu'est-ce qu'il fait? » Et moi je ne sais plus ce qu'il fait. Voilà ma position, monsieur ; mais vous me direz peut-être, vous, comment il faut s'y prendre pour trouver son mari dans cette grande ville où il y a tant de monde et tant de voitures !

— Mon Dieu, madame, c'est bien difficile, en effet, car vous n'avez aucune notion, aucune certitude. Je crois qu'une grande ressemblance a pu tromper ce monsieur Richard... Au spectacle, l'effet des lumières... l'éloignement... Car enfin, si monsieur votre mari est réellement à Paris et ne vous donne plus de ses nouvelles depuis six mois ! il faudrait donc penser...

— Qu'il ne m'aime plus... qu'il abandonne sa femme et son enfant, après les avoir presque réduites à l'indigence... Oh ! ce serait horrible en effet !... Vous avez raison, il vaut mieux penser que monsieur Richard s'est trompé ; cependant...

— Au reste, madame, croyez bien que je vais faire tout mon possible pour savoir si monsieur votre époux est à Paris. Je connais beaucoup de monde... On s'informera dans les hôtels... Ah ! auriez-vous par hasard le portrait photographié de votre mari ?

— Mon Dieu, non, je l'avais prié plusieurs fois de se faire photographier, il n'a jamais voulu.

— C'est dommage. Mais enfin dépeignez-le-moi bien : il se nomme Damfleury ?

— Jules Damfleury ?

— Quel âge ?

— Trente ans à peu près. Il est grand, bien bâti, la démarche fière, hardie ; il est très-brun de cheveux... des yeux noirs pleins de feu ; et habituellement d'une pâleur mate... d'une pâleur qui n'est pas celle de tout le monde.

— C'est singulier ! murmure Valmiral, qui demeure tout pensif.

— Que dites-vous, monsieur ?

— Oh ! rien... rien, madame ! C'est un simple souvenir... Mais ce portrait m'a frappé... L'original doit être facile à reconnaître.

— Nous voici devant ma demeure, monsieur.

La voiture s'était arrêtée devant un petit hôtel d'une apparence très-modeste. Valmiral, sachant que cette dame loge au cinquième étage, veut absolument lui donner le bras pour l'aider à monter. La jeune mère accepte, car elle n'est pas encore remise de la frayeur qu'elle a ressentie. On arrive au cinquième étage et naturellement Valmiral est invité à se reposer un moment.

Madame Damfleury occupe avec son enfant une

petite chambre bien modeste. Elle offre un siége au jeune homme, en lui disant :

— Ce n'est pas élégant ici... mais à Paris c'est bien cher dans les hôtels, et l'on m'a pourtant assuré que celui-ci était un de ceux qui logeaient à meilleur marché...

— Oh ! j'aimais mieux notre joli logement à Joinville, s'écrie la petite Marie ; et puis il y avait un jardin où l'on pouvait courir... Ici, on ne court jamais... Car, lorsque nous sortons, il ne faut pas que je quitte maman, de peur de me perdre...

— Et tu vois, Marie, combien j'ai raison de ne pas vouloir que tu me quittes.

— Oh ! oui, maman... sois tranquille, ça ne m'arrivera plus.

— Je vous laisse, madame, dit Valmiral en se levant. Vous devez avoir besoin de repos. Me permettrez-vous de venir vous revoir, pour vous dire ce que j'aurai fait... et savoir si vous avez appris quelque chose sur monsieur votre mari ?

— O monsieur, le service que vous m'avez rendu me fait vous regarder déjà comme un ami ! C'est vous dire que vos visites me feront toujours un grand plaisir !...

— Oh oui ! oui, il faut revenir nous voir, monsieur, nous nous ennuyons souvent ici ; moi, je tâche d'amuser maman, quelquefois je ne peux pas... mais à nous deux, nous en viendrons à bout !

Valmiral embrasse la petite fille et salue respectueusement sa mère ; puis il s'éloigne, en se disant :

— Ce signalement... c'est bien singulier... mais non, c'est impossible !...

VII

MADAME ZÉNOBIE

La fille de M. Philamour, qui est maintenant madame La Bergerie, est une petite femme assez gentille, parce qu'elle n'a pas encore dix-neuf ans, et qu'à cet âge il faut être absolument laide pour ne point avoir quelque attrait; ses cheveux blonds ne sont pas épais, mais ils frisent naturellement, ses yeux, vert pâle, ne sont pas grands, mais ils sont assez espiègles ; son nez retroussé l'est peut-être un peu trop, mais tout cela forme un petit ensemble mutin qui n'est pas désagréable.

Zénobie a été mal élevée. Gâtée par son père, qui avait été veuf de bonne heure, Zénobie avait toujours fait ses volontés, suivi ses caprices, contenté ses moindres fantaisies ; elle n'était pas méchante, mais elle était volontaire ; la moindre résistance la mettait en colère ; elle n'avait pas encore d'attaques de nerfs, mais cela ne pouvait tarder à venir ; elle était sur le chemin.

Nous savons que, pour lui plaire, il fallait savoir valser. Zénobie adorait la danse, mais comme elle n'avait pas l'oreille juste, elle n'allait jamais en mesure : c'est pourquoi elle trébuchait souvent en valsant, ce qui ne l'empêchait pas de se croire une Terpsichore... Une fois mariée, elle avait voulu satisfaire son goût pour la danse et, dans les trois premiers mois de son union avec La Bergerie, celui-ci l'avait menée au bal fort souvent ; ensuite cela s'était ralenti. Et, en ce moment, nous voyons la jeune femme livrée à un violent accès de colère, parce que son mari, qui lui avait promis le matin de la conduire au bal Mabille, où elle voulait absolument aller, n'était pas rentré dîner, et à dix heures du soir n'avait pas encore reparu chez lui.

Zénobie jette à terre le petit chapeau en forme de soucoupe qui était placé sur le sommet de sa tête ; elle déchire son mouchoir, trépigne sur son bouquet et sonne sa femme de chambre, qui accourt et regarde d'un air effaré le petit chapeau qui est à terre.

— Madame m'a sonnée ?

— Oui, je vous ai sonnée.

— Que désire madame?

— Je n'en sais rien. Ah! si : que vous me trouviez mon mari, il me le faut, je le veux, j'en ai besoin...

— Mais madame, est-ce que je sais où est monsieur, moi?...

— Ça m'est égal, il faut me le trouver... Ah! le monstre! c'est comme cela qu'il se conduit à présent! et il n'y a pas encore un an que nous sommes mariés...Cela promet...Oh! mais, il verra; c'est que je n'entends pas qu'on se moque de moi et qu'on me laisse là comme un paquet!...

— Ah! madame a jeté par terre son joli petit chapeau tout neuf...

— J'ai fait ce que j'ai voulu... ça ne vous regarde pas...

— C'est juste, madame.

— Prends-le, je te le donne, je t'en fais cadeau; je le trouve trop grand...

— Ah! merci, madame! C'est vrai qu'il était trop... qu'il avançait trop sur le front... pour madame qui a un front si... si aquilin.

— Comment! Ariane, est-ce qu'on a le front aquilin?

— Dame ! j'ai souvent entendu vanter les nez quand ils sont aquilins, alors je pense qu'on en peut dire autant d'un beau front.

— Dix heures passées !... Mais conçois-tu cela, Ariane ?... Que mon mari ne rentre pas dîner, passe !... il m'a prévenue que cela pouvait lui arriver souvent, parce qu'il ne peut pas toujours refuser les amis qui l'invitent...

— Et il paraît que monsieur a une grande quantité d'amis !...

— Mais ne pas venir me chercher, quand il est convenu qu'il me conduira chez Mabille, un bal charmant, m'a-t-on dit, que je ne connais pas encore, mais que je brûle de connaître !...

— Oh ! oui, madame, c'est un bal très... très-chic !...

— Est-ce que tu y as été, par hasard ?

— Moi ? non, madame, mais quand j'étais au service d'une dame de la rue de Bréda, je la voyais faire des toilettes superbes pour aller chez Mabille.

— Et il faut que je reste ici, au lieu de m'amuser, de danser !... Ah ! j'ai envie de casser ma glace !...

— Oh ! non, madame, vous ne pourriez plus vous voir...

— Tu as raison... ça me manquerait... Mais où peut-il être ce scélérat ?... Je l'ai épousé parce qu'il dansait bien, mais s'il ne me fait plus danser... qu'il prenne garde !... Sais-tu valser, Ariane ?

— Oui, madame, et très-bien même ; c'est un Allemand qui m'a appris.

— Voyons un peu... viens...

— Ah ! madame, je n'oserai jamais...

— Veux-tu venir bien vite ! et chante une valse; je vais voir si tu sais en effet si bien valser.

La femme de chambre enlace sa maîtresse et se met à chanter : *Gentil hussard*. Ariane va très-bien, mais Zénobie ne peut pas attraper la mesure, et s'écrie :

— Tu ne vas pas... tu chantes mal... C'est égal, allons toujours.

La sonnette se fait entendre :

— Ah ! le voilà ce coureur ! dit Zénobie. Valsons toujours, la cuisinière ouvrira... Je veux qu'il voie que je ne me désole pas de son absence.

La porte du salon s'ouvre, et M. Philamour paraît; il s'arrête pour regarder les valseuses.

— C'est papa ! Ah ! que c'est bête ! s'écrie la jeune femme, en lâchant sa femme de chambre.

— Comment ! que c'est bête ? Pourquoi dis-tu que c'est bête, ma fille ?

— Parce que, papa, je croyais que c'était mon

mari, que j'attends en vain pour aller au bal et qui me rend bien malheureuse !...

— Ah ! tu es bien malheureuse !... mais tu valsais avec Ariane !

— Je valsais de colère, de rage !... Papa, cela ne peut pas durer comme cela... Mon mari me plante là ! il se dérange...

— Comme une pendule ?...

— Il n'est pas question de pendule !... Je ne plaisante pas ; depuis quelque temps je vois à peine monsieur de la Bergerie ; il sort le matin, il rentre le soir... ou plutôt la nuit, et quelquefois je crois qu'il ne rentre pas du tout...

— Comment ! tu crois ? Tu dois bien en être sûre, je pense ?

— Non, parce que... depuis six semaines, mon mari couche à part, dans son cabinet, où il s'est fait dresser un lit...

— Il couche à part ?... Mais il n'est pas fait mention de cela sur votre contrat de mariage... Je ne t'ai pas donné un mari pour qu'il couche à part !

— Monsieur de la Bergerie m'a dit que c'était bien meilleur genre ; que dans le grand monde une femme ne couchait jamais avec son mari.

— Ah ! si c'est meilleur genre !...

— Et puis, que de cette façon, lorsqu'il rentre tard il ne troublerait pas mon repos...

— C'est encore une raison.

— Oui, mais ce qui n'en est pas une, c'est de me laisser là, quand il doit me mener danser chez Mabille...

— Ah! tu veux danser chez Mabille!... Mais je me suis laissé dire que les dames qui dansaient là...

— Des bêtises! c'est très-bien composé; demandez plutôt à Ariane qui a servi chez une belle dame très-distinguée, qui ne manquait pas un bal dans ce jardin, qu'on dit très-brillant...

— C'est différent! moi je n'en sais pas plus; je ne fréquentais pas les bals publics...

— Papa, puisque mon mari ne rentre pas, voulez-vous me mener chez Mabille?... Vous me ferez danser...

— Ma chère amie, d'abord il est trop tard; dix heures et demie, nous ne serions pas à ton bal avant onze heures... Je crois que c'est l'heure où l'on ferme... Ensuite je ne sais pas danser... Je ne pourrais pas être ton cavalier...

— Ah! que c'est contrariant!... Pourquoi donc alors êtes-vous venu ce soir?...

— Ma foi! je passais, j'ai vu de la lumière, je suis monté; et puis je voulais demander à ton mari une explication, au sujet d'un petit effet de quinze cents francs, pour lequel on s'est présenté chez moi. Je ne comprends pas pourquoi La Bergerie, mon associé, tire sur moi quinze cents francs, puisqu'il tient la caisse... Ce doit être un malentendu...

— Ah ! laissez-moi tranquille avec vos comptes !... Apprenez à danser, papa ; cela vaudra beaucoup mieux.

— Tu veux que j'apprenne à danser, à mon âge ?

— On danse à tout âge ; il ne faut que de la bonne volonté... Et puis, c'est très-bon pour la santé.

— Alors, j'apprendrai. Adieu, ma fille, je reviendrai demain dans la matinée, parce que je veux parler à mon gendre au sujet de cet effet.

— J'espère que vous lui donnerez une danse à votre gendre ! et que vous le préviendrez que s'il me laisse là, moi, je ferai les cent dix-neuf coups !

— Ah ! Zénobie !... tu ne dis pas ce que tu penses...

— Si, je le ferai ! je le ferai !... je le ferai !...

— Allons, calme-toi un peu !...

— Je ne veux pas me calmer... Je vais déchirer ma robe... mon col... mes gants... tout ! tout ! tout !...

— Ariane, faites donc comprendre à votre maîtresse que si elle déchire sa toilette, il faudra qu'elle en achète d'autres...

— Je voudrais bien voir que ma femme de chambre se permit de trouver mal ce que je fais!... je la souffletterais tout de suite !...

— Oh ! alors... bonsoir, ma fille, je m'en vais.

M. Philamour est parti, en se disant :

— Zénobie a une mauvaise tête ; elle tient de sa mère, qui voulait me mener à la baguette. Mon gendre aura de la peine à être le maître chez lui... Après cela, s'il n'y est jamais, ça lui sera bien égal... Mais pourquoi a-t-il tiré sur moi quinze cents francs ?... Ce doit être une erreur... Il aura cru tirer sur un débiteur. Je me rendrai demain matin chez lui, je veux qu'il m'explique cela.

Le lendemain, sur les onze heures du matin, le marchand de planches se présente chez son gendre. Celui-ci, qui avait passé la nuit à jouer au lansquenet et au baccarat, chez des amies de Tepsalie, était rentré sur les six heures du matin et s'était jeté sur son lit sans se déshabiller. Il était donc très-fatigué, très-courbaturé, lorsque son beau-père pénètre dans son cabinet, qui lui sert maintenant de chambre à coucher.

— C'est moi, mon gendre, dit Philamour en s'avançant vers le lit, sur lequel La Bergerie est étendu à moitié habillé.

Celui-ci se frotte les yeux, se met sur son séant, en murmurant :

— Qu'est-ce que c'est?... qu'est-ce qu'il y a?... Pourquoi se permet-on de me réveiller... d'entrer sans que je sonne?...

— Mon gendre, j'ai déjà eu le plaisir de vous dire que c'était moi.

— Ah! c'est vous, papa beau-père!... Quelle idée de venir si matin!

— Il n'est pas si matin! onze heures sonnées!

— Il est toujours matin pour quelqu'un qui vient de se coucher.

— Comment! vous venez seulement de vous coucher?...

— Vous savez bien que c'est mon système : je ne me couche pas, ou presque pas!

— Ah! c'est vrai. J'ai voulu faire comme vous, ça ne m'a pas réussi. Sapristi! mon gendre, vous avez l'air bien fatigué! Est-ce que vous vous êtes promené toute la nuit?

— Non, pas précisément!... Mais attendez... je vais tremper ma tête dans de l'eau fraîche, et il n'y paraîtra plus.

La Bergerie saute à bas de son lit, emplit d'eau une cuvette, y plonge son visage, l'étanche avec un essuie-main sur lequel il a versé de l'eau de mousseline, puis revient vers Philamour, en lui disant :

— Hein ? est-ce qu'on n'est pas frais comme une rose à présent ?

— Hom !... vous avez encore les yeux battus, bouffis...

— Au grand air il n'y paraîtra plus... Maintenant je vais faire ma toilette... Vous permettez, beau-père ?

— Assurément, et ensuite vous m'offrirez à déjeuner, n'est-ce pas ?

— Impossible ce matin... J'en suis désolé, mais je déjeune aujourd'hui au café Anglais avec des négociants fort riches... Je mitonne avec eux une grande affaire... Ils veulent m'acheter tous mes moutons...

— Eh bien, mais si j'allais déjeuner avec vous... Je vous seconderai dans cette opération, quoique je ne connaisse pas du tout vos moutons...

— Impossible, beau-père ; ce sont ces messieurs qui m'ont invité ; alors, vous comprenez que je ne puis pas me permettre d'amener quelqu'un avec moi....

— Ah ! c'est différent !... Autre chose. Qu'est-ce que c'est qu'une traite de quinze cents francs tirée sur moi et par vous, que l'on m'a présentée hier... et que j'ai payée... parce qu'enfin, je devais faire honneur à votre signature ?...

La Dergerie fait une pirouette dans la chambre, passe sa main sur son front, puis s'écrie :

— Quinze cents francs !... Comment ! c'est sur vous que j'ai tiré ?... Ah ! par exemple, elle est bonne celle-là !...

— Je ne la trouve pas si bonne que cela... Nous sommes associés, mais je ne vous dois rien... au contraire, quand nous ferons le compte de la fin de l'année, c'est vous qui aurez à me donner ma part des bénéfices.

— Mais je le sais bien... C'est ce qui fait que je ris de ma distraction ; je voulais tirer sur Ratapon, notre débiteur de Marseille, et je tire sur vous !... Où diable avais-je la tête !...

— Qu'est-ce que c'est que ce Ratapon ?...

— Un homme qui fait construire des bateaux ; vous concevez qu'il a besoin de planches.

— Et il est bon ?

— Il doit être bon ! Enfin, vous avez payé la traite... Vous avez bien fait ; nous passerons cela par profits et pertes.

— Pourquoi profits et pertes ? Je ne dois pas entrer dans la perte... au contraire, puisque j'ai payé...

— C'est ce que je voulais dire : profits, pour vous, et pertes, pour moi.

— Ah! comme cela, à la bonne heure!... je comprends!...

— Ce cher beau-père! vous êtes gentil comme tout, ce matin! Vous avez l'œil américain!

— Vraiment? je ne connais pas cet œil-là; qu'est-ce que cela veut dire?

— Que vous avez un air à faire des conquêtes...

— Oh! par exemple!... Mais à propos... il faut que je vous gronde, mon gendre, il n'est plus question d'affaires de commerce... je redeviens père de famille, et c'est de ma fille qu'il s'agit.

— Ah! bon! je vous vois venir... L'histoire du bal où je devais la conduire, n'est-ce pas? Que diable! on n'est pas toujours maître de son temps...

— Oui, mon gendre, c'est de cela qu'il s'agit: hier au soir, je monte ici sur les dix heures, je trouve votre femme désespérée, désolée... Elle valsait avec sa femme de chambre... mais c'était de colère de ce que vous ne veniez pas la chercher pour la mener chez Mabille... Je voulus la calmer, mais elle avait ses nerfs... il lui fallait danser ou s'évanouir.

— Eh bien, beau-père, il y avait un moyen bien simple pour apaiser Zénobie, c'était de la conduire à ce bal...

— Moi? Sans doute, et c'est ce que ma fille me demandait; mais il y avait un obstacle, je ne sais pas danser, et Zénobie veut que son cavalier la fasse danser. Ah ! si j'avais su danser, cela aurait été tout seul !...

La Bergerie regarde son beau-père, se gratte le front, se met à rire, puis s'écrie :

— Ah ! vous ne savez pas danser !... Mais à présent on ne danse plus, on fait des gestes, des poses, des gambades, voilà tout.

— Mais encore faut-il les savoir ces gestes, ces gambades... pour faire le cavalier de ma fille, qui danse si bien.

— Parbleu ! cher beau-père, c'est bien facile ; je vais vous apprendre tout cela, moi, et, en une leçon, je veux que vous en sachiez autant que nos *Brididi* les plus à la mode !

— Quoi ! mon gendre, vous auriez vraiment la complaisance de me montrer... ?

— Assurément, et nous allons commencer tout de suite.

— Oh ! si je m'attendais à danser ce matin !...

— Tenez, regardez-moi bien : je vais en avant deux.

La Bergerie s'avance en se dandinant, envoie son pied à la hauteur de son menton, se retourne en se tapant sur la cuisse et finit en se tenant sur une jambe. Philamour a regardé tout cela d'un air étonné.

— A votre tour, beau-père ! faites comme vous m'avez vu faire.

— Quoi ! mon gendre, on envoie sa jambe si haut ? on se tape sur la cuisse ?

— C'est la grande mode, et les dames envoient leur pied bien plus haut que nous. Allez, partez !...

Philamour se décide à faire comme son gendre, qui rit comme un fou en le regardant, et lui crie :

— Pas mal !... ferme !... dandinez-vous... tapez plus fort sur la cuisse... plus haut la jambe !...

— Je ne peux pas !

— Ça viendra en vous y exerçant. Maintenant, pour le balancez votre dame, levez les deux bras en l'air, puis réunissez-les et avancez les mains sur la tête de votre danseuse, comme si vous vouliez aplatir son chignon, et tournez autour d'elle en continuant de tenir vos bras en l'air. Pas mal ! c'est le balancez chicard.

— Si j'avais une dame cela irait mieux ; si nous appelions ma fille ?...

— Non ! non ! il ne faudra même rien lui dire, pour lui laisser le plaisir de la surprise. A présent, il s'agit de faire le cavalier seul...

— Je n'ai plus besoin de dame, alors ?...

— Pour le cavalier seul, il faut faire de l'excentrique. Tenez, regardez-moi...

— Vous avez l'air de scier du bois.

— Justement, c'est le pas de la scie ; ensuite je me jette à plat ventre... c'est le pas de l'araignée?...

— Ah! bigre! il faut se mettre à plat ventre...

— On se tient sur ses mains. Vous vous relevez, vous vous tapez le derrière de la tête avec votre main gauche, comme les gamins, et de la droite vous mettez votre pouce sur votre nez...

— Toujours comme les gamins ?

— C'est cela même. C'est la figure de la *Tulipe orageuse*. Allez !...

Philamour fait à peu près ce qu'il a vu faire à son gendre, qui rit aux larmes en le regardant, mais l'encourage en lui disant qu'il va bien et lui fera grand honneur. L'élève est bientôt éreinté, il se jette dans un fauteuil en s'écriant :

— C'est très-fatigant... c'est de la gymnastique.

— Vous l'avez dit, beau-père : maintenant la danse est de la gymnastique, où l'on peut développer ses forces. Exercez-vous le matin chez vous, et vous irez fort bien. Puis, un de ces soirs, conduisez votre fille au bal et vous jouirez de sa surprise ; vous aurez un succès pyramidal.

— Merci, mon gendre, pour la leçon que vous m'avez donnée.

— Tout à votre service, beau-père.

— Je vais aller déjeuner ; il me semble que cette nouvelle danse m'a donné de l'appétit.

— C'est très-sain, très-bon pour la santé.

— Alors, chez moi, je vais tous les matins m'exercer à jeter ma jambe en l'air, et quand ma fille verra son père exécuter les danses à la mode... je jouis d'avance de sa surprise !

— Et moi aussi, beau-père.

VIII

OU CE MONSIEUR SE MONTRE TEL QU'IL EST

Après le départ de son beau-père, La Bergerie rit encore, en songeant à ce qui arrivera lorsque M. Philamour dansera les pas qu'il vient de lui enseigner ; puis, tout à coup, sa figure change, devient soucieuse, son front se plisse, et il demeure quelque temps pensif. On dirait que de sombres souvenirs viennent l'assaillir ; et ces paroles s'échappent de ses lèvres :

— Je les ai abandonnées... femme ! enfant... Que font-elles maintenant !... Mais, après tout, je n'avais plus le sou... et je serais resté avec elles que je ne les aurais pas rendues plus heureuses !... Chassons ces idées !... Je sais que je joue gros jeu... Mais ce serait bien le diable si on allait les trouver à Joinville !... O la fortune... la fortune !... Je ne sais comment cela se fait, mais dans mes mains l'or fond, disparaît... Il m'est impossible d'en conserver... Tout le magasin de planches y a déjà passé... Ah! mon Dieu ! j'entends la voix de Zénobie... sauvons-nous, évitons une entrevue qui n'aurait rien d'amusant.

La Bergerie se hâte de sortir. Sur le boulevard des Italiens, un jeune dandy s'arrête devant lui, en s'écriant :

— Tiens !... Damfleury !... Oh! quelle rencontre !... Il y a un siècle que je ne t'ai vu... Tu es toujours aussi pâle.

— Et toi toujours aussi petit ; tu n'as pas grandi du tout.

— Le mérite ne se mesure pas à la taille !

— C'est bien heureux pour toi !

— D'où sors-tu donc ?

— D'où je sors ? Mais de chez moi, probablement... Bonjour, Alfred !...

— Ce cher ami !... Et qu'est-ce que tu as fait de bon... depuis que nous ne nous sommes vus, Damfleury ?

— D'abord, mon cher, j'ai changé de nom : ainsi tu me feras grand plaisir de ne plus m'appeler Damfleury; c'est La Bergerie que je me nomme aujourd'hui.

— Tiens, cette idée!... La Bergerie... Au fait, c'est plus gentil... Et où diable as-tu pêché ce nom-là?

— Je ne l'ai pas pêché; c'est le nom d'une de mes terres.

— Bah! tu as des terres, toi? ah! farceur!... Je vois que tu es toujours blagueur comme au temps où nous étions tous les deux à l'étude chez le notaire. Dans ce temps-là, tu n'avais pas la plus petite terre en perspective!

— Et toi, tu ne fumais pas des cigares de huit sous comme j'en vois un à ta bouche.

— C'est juste. Mais moi j'avais des oncles qui devaient un jour m'enrichir!

— Eh bien, moi, j'avais des tantes, ça revient au même.

— Tu n'en avais jamais parlé de tes tantes.

— C'était pour mieux surprendre mon monde lorsque j'hériterais.

— Alors, tu es riche à présent?

— Je crois bien!... Comme un nabab.

— Je t'en fais mon compliment. Es-tu marié?

— Mais... à peu près!

— Comment !... à peu près ? Il me semble qu'on est marié ou qu'on ne l'est pas.

— Si tu ne comprends pas à demi-mot, tant p[is] pour toi !...

— Ah ! si... si... j'y suis... toujours séducteur !... toujours adorateur du beau sexe !

— Plus que jamais ; je compte même finir par m[e] retirer en Turquie, parce qu'il est permis d'y avoir un sérail.

— Ah ! bien, moi, je suis plus sage que toi. Je sui[s] célibataire, j'ai quinze mille francs de revenu... Je me trouve très-heureux avec cela et ne songe pa[s] du tout à me marier.

— Et tes maîtresses, combien dépenses-tu pour elles ?

— Rien... Je suis aimé pour moi-même !

— C'est-à-dire que tu n'as pas de maîtresse. Je te reconnais là... Tu as toujours été rat, tu ne vis que pour toi...

— Si j'étais rat, comme tu veux bien le dire, j'aurais depuis longtemps fait un beau mariage, un mariage d'argent... Tiens, vois-tu cette dame dan[s] cette calèche, qui est arrêtée par un embarras de voiture ?...

— Oui, je la vois, elle n'est pas jolie du tout cette dame... Mais en revanche elle n'est plus jeune.

— C'est vrai, elle n'est ni jeune, ni jolie, j'en conviens, mais elle a cent mille francs de rente...

— Cent mille francs !... Voyons donc que je la regarde encore... Ah ! la calèche s'en va !... Tu la connais donc, cette dame ?

— Oui, c'est-à-dire que je me suis trouvé dans une soirée où elle est venue. C'est madame Verdoyant, qui est veuve depuis cinq ans et qui commence à se lasser de son veuvage. Son mari était entrepreneur de bâtiments. Il lui a laissé une belle fortune et un château dans les environs de Fontainebleau, où elle habite presque constamment.

— De qui tiens-tu tous ces détails, Alfred ?

— De la maîtresse de la maison qui donnait la soirée, madame Rigonet ; tu connais madame Rigonet, une femme renommée pour son esprit ?...

— J'en ai entendu parler. Enfin cette dame te dit ?

— Elle me dit en riant : « Voilà un beau mariage à faire. Madame Verdoyant ne tient pas à trouver de la fortune, elle en a assez pour deux... Elle sera même enchantée de faire le bonheur de l'homme qui lui plaira. Allez, lancez-vous... » Je répondis à cette dame : « J'ai quinze mille francs de revenu ; c'est bien loin de la fortune de cette dame, mais je me trouve très-heureux comme je suis. »

— Et tu ne t'es pas lancé?

— Non!... d'autant plus qu'elle est très-grande cette dame et près d'elle je paraîtrais encore plus petit.

— Quel âge lui donne-t-on à cette dame?

— Quarante-huit ans. Mais elle ne s'en donne que trente-six.

— Est-ce qu'elle est venue à Paris pour s'y fixer?

— Non, puisqu'elle habite presque toujours son château. Elle est venue pour affaires... pour un placement de fonds...

— A-t-elle un logement ici?

— Non, elle descend au Grand Hôtel et loue tout de suite une voiture. Est-ce que tu as envie de l'épouser, toi, qui n'es marié qu'à peu près?...

— Oh! par exemple! je n'ai pas besoin de sa fortune!

— C'est juste, si tu es riche comme un nabab!

— Ce petit Alfred!... il est devenu railleur, je ne dirai pas en grandissant, mais en vieillissant.

— Mon cher, est-ce que tu n'as pas remarqué que la fortune donne de l'esprit?

— Ma foi, non, au contraire! Ceux qui étaient bêtes, étant pauvres, deviennent des crétins quand ils sont riches: voilà ce que j'ai fort souvent remarqué.

— Adieu, Damfleury !

— Je t'ai déjà dit que je m'appelle à présent La Bergerie.

— Ah ! ah ! ah ! La Bergerie !... Elle est encore bonne celle-là !... Il faut mettre ça avec le nabab.

Et le petit dandy s'éloigne en riant ; La Bergerie le rappelle :

— Eh ! Alfred... écoute donc un peu...

— Qu'est-ce, mon cher ?

— Je voulais t'enseigner l'adresse d'un bottier qui fait des talons de six pouces de haut ; ça te chausserait joliment des bottines comme cela !

— Vous êtes trop bon, monsieur de la Bergerie... Je m'en ferai une paire quand j'irai visiter vos propriétés.

— Il est toujours méchant et caustique, ce petit Alfred ! se dit La Bergerie, en continuant sa promenade. Je ne suis cependant pas fâché de l'avoir rencontré. Cette madame Verdoyant me trotte dans la tête... Cent mille francs de rente !... c'est autre chose que la maisonnette de Camille... la dot de Zénobie et les planches de monsieur Philamour !... Cent mille francs ! à la bonne heure ! voilà une vraie fortune !... il y a de quoi tailler en plein drap !... Jusqu'à présent je n'ai fait que de sottes combinaisons... Celle-ci serait la bonne... Cette dame est veuve... elle a envie de se remarier... elle ne tient pas à épouser un homme riche... de plus, elle habite presque toute l'année un château dans les environs de Fontainebleau... Ce serait bien mon affaire !... Personne n'irait me chercher là... Elle loge au Grand Hôtel... Il faut absolument que je fasse connaissance avec madame Verdoyant... Quel prétexte ?... Oh! j'en trouverai !... J'ai mon petit logement que j'ai loué sous le nom de Jenneterre !... Si l'on veut des renseignements sur moi, c'est là que j'enverrai. La portière m'est dévouée, et d'ailleurs elle me croit garçon, homme de lettres; avec vingt francs que je glisserai dans sa main, elle dira que je mérite le prix Montyon.

La Bergerie, tout préoccupé de ses nouveaux projets, marchait au hasard et se trouvait alors sur le boulevard Sébastopol. Tout à coup, il se cogne presque le nez contre une jeune femme, qui s'écrie:

— On regarde devant soi, au moins !...

— Ah ! quel heureux hasard !... ma jolie petite blonde, mademoiselle Lisa !...

— Tiens, c'est le monsieur à qui Mathilde a donné un soufflet !...

— Grâce à vous, méchante; et franchement vous me devez un dédommagement pour la scène que vous m'avez attirée...

— Mais dame… pourquoi me pinciez-vous?…

— Pour vous faire comprendre que vous m'aviez tourné la tête…

— Ah! ça voulait dire cela? Moi, je n'ai pas l'habitude de ce langage-là!…

— Il est pourtant bien usité!… Mais tout peut se réparer : petite Lisa, je vous adore.

— Bah! comme ça, tout de suite?

— Depuis le jour où je vous ai vue… au restaurant-bouillon…

— Vous étiez l'amoureux de Mathilde, alors.

— Oui, mais vous savez bien que je ne la vois plus…

— Je le crois bien, elle vous déteste à présent.

— Cela m'est parfaitement indifférent. Jolie Lisa, je veux vous couvrir de soie, de velours, de dentelles.

— Je ne saurais pas porter tant de choses, ça m'embarrasserait.

— Vous en prendrez facilement l'habitude. Vous êtes faite pour briller, pour faire envie à vos compagnes.

— Laissez-moi donc tranquille… J'ai une commission à faire, je suis pressée…

— Je vais aller avec vous.

— Ce serait joli... un beau monsieur avec moi... on en dirait de belles à l'atelier !

— Atelier de quoi ?

— De fleurs, monsieur.

— Ah ! vous êtes fleuriste... Vous travaillez par ici dans une boutique ?

— Non, dans un grand magasin... au second... là-bas...

— Très-bien. Alors, donnez-moi un rendez-vous pour le soir.

— Pourquoi faire ?... Je n'ai rien à vous dire, moi !

— Nous irons souper ensemble dans un bon restaurant, dans un joli cabinet... Je vous ferai manger tout ce qu'il y a de meilleur et boire du champagne glacé...

— Ça me ferait mal aux dents.

— Vous ne pouvez pas me refuser, petite Lisa, songez que j'ai reçu un soufflet à cause de vous !

— Vous le méritiez bien.

— Voyons... quand ? Ce soir, voulez-vous ? A quelle heure quittez-vous votre atelier ?

— Ça ne vous regarde pas... Adieu, monsieur, je ne donne pas de rendez-vous, moi.

— Lisa, vous ne me quitterez pas ainsi...

— Ah ! lâchez ma main, où je vais encore crier... Vous savez comme je crie... Adieu.

La petite Lisa s'est dégagée, elle se sauve, laissant là La Bergerie, qui murmure :

— La petite sotte !... Mais elle est fort gentille... Je sais où elle travaille, je la retrouverai !...

Quant à la petite Lisa, après avoir fait sa commission, elle s'empresse d'aller trouver son amie Mathilde dans le magasin où celle-ci travaille, et lui dit :

— Tu ne sais pas ?... je viens de rencontrer ton ci-devant amoureux...

— Rodrigue ?

— Lui-même.

— Est-ce qu'il t'a parlé ?

— Je crois bien ! il m'a arrêtée sur le boulevard, il ne voulait plus me lâcher...

— Ah ! la canaille ! Et que t'a-t-il dit ?

— Oh ! un tas de bêtises... Qu'il m'avait pincée parce qu'il m'adorait... que j'étais cause que tu l'avais souffleté et que pour cela je lui devais un dédommagement.

— Voyez-vous cela ! Et enfin ?

— Enfin, il me demandait à toute force un rendez-vous, pour le soir, me mener souper dans un cabinet avec du punch glacé...

— Et tu as répondu ?

— Tu penses bien que je l'ai envoyé à l'ours... Il me fait peur ce monsieur avec son teint verdâtre... Eh bien ? à quoi réfléchis-tu donc, Mathilde ?

— Je songe... Écoute, Lisa, je voudrais me venger de cet homme... qui s'est si bien moqué de moi...

— Je ne t'en empêche pas.

— Mais pour cela, si tu le rencontres de nouveau, s'il te parle... et il te parlera ! il faudra cette fois lui accorder un rendez-vous...

— Oh! mais je ne veux pas?

— Tu ne comprends donc pas !... Tu viendras bien vite me dire cela... Tu n'iras pas au rendez-vous, mais nous y enverrons la mère Chicot... tu sais... qui est bossue et boiteuse...

— Ah ! oui, oui...

— Nous lui prêterons un manteau... un voile... Elle ne parlera que bien bas...

— Oh ! ce sera une bonne farce !... Il mérite bien cela.

— Tu recommanderas à Rodrigue de t'attendre avec une voiture... De cette façon, il y fera monter la vieille et elle se laissera enlever par lui.

— Oh ! bravo !... Maintenant je ne demande plus qu'à rencontrer ce monsieur

IX

SITUATION EMBARRASSANTE

Cinq jours après avoir ramené chez elle la jeune dame dont il a fait si singulièrement la connaissance, Valmiral pense qu'il peut bien se présenter de nouveau chez elle, afin de savoir si, dans ses recherches, elle est parvenue à obtenir quelques renseignements sur son mari.

Disons aussi que, pendant ces cinq jours, le jeune homme n'a pas été un seul moment sans penser à cette jeune mère, si intéressante par sa position, par son amour pour sa fille et par l'abandon dans lequel l'a laissée son époux. Et puis, Camille avait des yeux si doux, un sourire si charmant, une voix si touchante, qu'il était bien difficile de ne point éprouver pour elle au moins de la sympathie. Valmiral avait pu ressentir pour Zénobie ce penchant que fait souvent naître une figure espiègle et les mutineries d'un enfant gâté. Mais c'était un tout autre sentiment qu'il éprouvait pour Camille ; et il se trouvait bien heureux maintenant de n'avoir pas obtenu l'agrément de M. Philamour, lorsqu'il lui avait demandé la main de sa fille.

Puis encore, lorsqu'il réfléchissait à tout ce que lui avait appris madame Damfleury, qui lui avait montré une confiance entière, il se disait :

— Pour venir chercher son mari dans Paris, elle a vendu tout ce qu'elle possédait ; elle a abandonné sa ville natale, où elle avait du moins des connaissances qui lui auraient toujours procuré du travail, afin qu'elle fût à l'abri de la misère ; mais ici... dans cette immense ville, où elle ne connaît personne, ses faibles ressources seront bientôt épuisées, et alors comment fera-t-elle pour vivre, pour subvenir aux besoins de son enfant ?

Ces réflexions augmentaient naturellement l'intérêt que Valmiral ressentait pour la jeune femme ; et il doit toujours en être ainsi : la position de la personne que l'on aime est pour beaucoup dans l'affection que nous ressentons pour elle ; qu'elle soit riche, heureuse, et notre pensée la suivra moins dans l'intimité de sa vie ; mais qu'elle éprouve des peines, des privations, et notre désir le plus constant sera de les faire cesser.

Valmiral, qui était dans une position aisée et n'apprenait le commerce que pour s'établir un jour, cherchait par quel moyen il pourrait venir en aide à cette jeune dame. Mais il n'est pas toujours facile d'obliger : il y a des personnes que les moindres offres de service humilieraient et qui se privent quelquefois du nécessaire pour cacher leur pauvreté, qui n'est jamais un vice pourtant ! surtout quand elle n'est pas méritée.

Lorsque Camille lui avait fait le signalement de son mari, Valmiral avait été frappé de la ressemblance qui devait exister entre ce personnage et le gendre de M. Philamour. Un moment il s'était demandé s'il ne s'agissait pas de la même personne. Mais ensuite il avait rejeté bien loin de lui cette idée. Comment supposer en effet, que ce monsieur, qui fait tant d'embarras à Paris et vient de s'y marier, avait déjà une femme légitime et un enfant, qu'il a abandonnés pour contracter un second hymen. La loi ne plaisante pas sur la bigamie ; on peut être libertin, coureur, mauvais sujet, cela se voit trop souvent, mais de là à épouser deux femmes, il y a un pas immense et un grand abîme devant soi. Valmiral a sur-le-champ deviné que La Bergerie était un blagueur, un débauché, mais il ne le croit pas encore justiciable de la cour d'assises.

En ouvrant la porte à celui qui lui a sauvé la vie, la petite Marie pousse un cri de joie.

— Maman ! c'est le monsieur qui m'a pris dans ses bras quand j'étais au milieu des voitures... Ah ! je suis bien contente de le revoir...

La jeune mère se lève et vient en souriant au devant de son visiteur :

— C'est bien aimable à vous, monsieur, de ne point nous avoir oubliées !...

— Vous oublier, madame, cela doit être difficile... Je serais revenu plus vite, si je n'avais pas craint d'être importun...

— Importun ! vous, monsieur ; je croyais vous avoir dit que je vous regardais déjà comme un ami, comme un guide, que la Providence m'avait fait rencontrer dans une ville où je n'avais pas une seule connaissance.

— Oh ! oui, monsieur, reprend la petite fille, ça nous fait bien plaisir que vous soyez revenu, nous parlions souvent de vous avec maman, et puis, hier, elle me disait : Il ne viendra pas nous voir... il n'aura rien appris sur ton père... il craindrait de nous faire de la peine en nous disant que nous avons fait un voyage inutile ; il ne peut rien contre le malheur qui nous accable. Mais, moi, je disais à maman : Si, si, il reviendra ce monsieur ; il l'a promis... Je suis sûre qu'il reviendra...

Valmiral embrasse tendrement la petite Marie, en lui disant :

— Merci, merci, chère enfant, d'avoir eu foi en ma promesse. Et vous, madame, puisque vous me le permettez, je ne me regarderai plus comme un étranger pour vous... Je suis votre ami, vous m'avez donné ce titre, je saurai le mériter. Maintenant, parlons de ce qui vous intéresse : depuis que je vous ai vue, avez-vous appris quelque chose? Êtes-vous sur les traces de celui que vous cherchez?

— Hélas non, j'ai encore parcouru divers quartiers ; dans plusieurs hôtels garnis, j'ai demandé si on avait logé un monsieur du nom de Damfleury, et partout je n'ai reçu que des réponses négatives. Et vous, monsieur?

— Moi, madame, je me suis informé aussi, mais je n'ai pas été plus heureux que vous.

— Il faut que M. Richard se soit trompé ; il est cause que j'ai entrepris ce voyage... et j'ai eu bien tort !

— Madame... permettez-moi de ne pas être du

même avis... car c'est à ce voyage que je dois d'avoir fait votre connaissance...

— Je vous remercie... mais notre liaison aura peu de durée... Si je n'apprends rien... il me faudra bientôt retourner à Joinville...

— Ah! madame, que dites-vous là!... Non, non, il ne faut pas repartir si vite... Vous auriez tort! C'est au moment où l'on s'y attend le moins que l'on trouve ce que l'on cherchait...

— Vraiment, monsieur, vous croyez que je puis espérer encore... trouver ici mon mari?

— Mais sans doute... De grâce faites-moi donc de nouveau son portrait bien exact...

— Trente ans, grand, mince, la démarche hardie, toujours mis avec élégance, portant son chapeau un peu de côté; voilà pour la tournure. Des cheveux très-noirs, des traits fortement accusés, un nez long, droit, une bouche fine, des yeux noirs qui ont un éclat qui vous fascine... Enfin, d'une pâleur mate qui quelquefois semble verdâtre; voilà sa figure.

— Oh! c'est extraordinaire!

— Est-ce que vous connaissez quelqu'un qui ressemble à ce portrait?...

— Oui... un peu...

— Et ce quelqu'un s'appelle?...

— M. de la Bergerie.

— Je n'ai jamais connu personne de ce nom-là ?

— Oh ! ceci est un peu du hasard. Mais, je vous le répète, madame, ne songez pas à repartir... Qu'iriez-vous faire à présent dans votre province ?...

Camille baissa les yeux et ne répond pas. Mais ce silence était éloquent et Valmiral devine bien que la jeune femme n'ose pas lui dire : J'irai chercher du travail que je ne trouverais pas à Paris. Il s'empresse de tirer sa carte de sa poche et la présente à Camille, en lui disant :

— Il me semble que vous ne savez pas même mon nom... Il est bien temps cependant que vous sachiez qui vous voulez bien appeler votre ami...

— Ah ! oui, c'est vrai, dit la petite Marie, plusieurs fois j'ai dit à maman : Comment donc s'appelle-t-il, notre ami, et elle m'a répondu : Il a oublié de nous le dire.

— Excusez-moi, madame, je répare cet oubli, voici mon nom et mon adresse. Si vous aviez besoin de me voir... écrivez-moi un mot, j'accourrais aussitôt...

— Est-ce que vous serez encore longtemps sans revenir ?

— Oh ! non, madame... Si vous le permettez, je vous reverrai après demain... Et puis... je voulais vous demander... c'est que je ne sais comment vous dire... Je crains d'être indiscret...

— Avec moi... quand je vous ai confié toutes mes peines!

— Eh bien... vous m'avez dit que, dans votre pays, beaucoup de personnes s'occupaient de vous avoir de l'ouvrage pour vous procurer plus d'aisance... Croyez-vous donc qu'à Paris il n'en sera pas de même... Vous savez peut-être travailler en linge... faire des chemises...

— Oh! assurément.

— Moi, madame, qui suis dans le commerce, qui connais une foule de fabricants, à présent que je sais quel genre d'ouvrage vous savez faire, il me sera très-facile de vous en procurer.

En écoutant Valmiral, Camille a senti ses yeux se mouiller de larmes. Elle lui prend la main et la presse dans les siennes, en lui disant :

— Ah! que vous êtes bon, monsieur!... Je lis dans votre cœur... Vous devinez ce que je ne voulais pas vous dire... Vous vous inquiétez de mon avenir... Ah! merci, mille fois!... Oui, en effet, il me faudra trouver du travail... Ah! je ne rougis pas de travailler... Je veux pouvoir élever mon enfant...

— N'ayez donc aucune inquiétude de ce côté, quand vous le voudrez, je me chargerai de vous faire avoir de l'ouvrage. C'est convenu. Au revoir, madame. A bientôt, ma petite Marie...

— A bientôt, mon ami... Comment t'appelles-tu ?
— Valmiral. Paul Valmiral.
— Oh ! j'aime mieux dire Paul, c'est plutôt fait.

Le jeune homme s'éloigne, mais plus épris que jamais de Camille. Cette nouvelle entrevue, dans laquelle elle lui a témoigné tant de franchise, tant d'amitié, a rendu plus vif, plus profond le sentiment qu'il éprouve pour elle. Déjà il a de la peine à la quitter, et il se dit : « Elle voudrait partir, retourner dans son pays. Mais alors je ne la verrais donc plus, oh ! ce ne sera pas !... Je sens que je serais trop malheureux si je ne la voyais plus ; car je l'aime, cette jeune femme... Je l'aime... Ah ! cela ne ressemble plus à ce sentiment que j'éprouvais pour Zénobie... C'est de l'amour véritable cette fois !... Mon Dieu ! j'y songe !... si elle allait retrouver son mari... Non... ce n'est pas probable... N'importe, dès demain je me rendrai chez monsieur Philamour, car il faut absolument que j'éclaircisse les soupçons qui, malgré moi, se sont élevés dans mon esprit. »

Le marchand de planches était chez lui, dans le logement qu'il occupait seul, depuis qu'il avait marié sa fille. M. Philamour était en train de répéter le pas de la *Tulipe orageuse*, que lui avait enseigné son gendre, et, de temps à autre, il s'essuyait le visage, parce qu'il était en sueur, lorsqu'il se livrait à cette gymnastique. Il n'a pas entendu la sonnette, mais la domestique a été ouvrir et, lorsque Valmiral lui demande si M. Philamour n'est point en affaires et peut le recevoir, cette fille répond :

— En affaires !... Ah ! c'est de drôles d'affaires qu'il s'occupe à présent, le bourgeois ; je ne sais pas quelle mouche le pique, mais il ne fait plus que danser, sauter, faire des cabrioles !... Lorsque je lui apporte le matin ses côtelettes, il se met quelquefois à sauter autour de moi, en tenant ses mains sur ma tête, que ça me fait peur, et je lui dis : Mais monsieur, qu'est-ce que vous avez donc ? Alors, il se met à rire, en me répondant : C'est le balancez chicard! ce qu'il y a de plus à la mode !... Ah ! si cela continue, j'ai bien peur que mon pauvre maître ne devienne toqué !

Valmiral ne comprend rien à ce que lui conte la domestique. Mais en entrant dans la chambre de M. Philamour, il le trouve étendu à plat ventre sur le parquet ; il se relève vivement en voyant entrer quelqu'un.

— Vous vous étiez laissé choir ? dit le jeune homme.

— Non, je répétais le pas de l'araignée, que mon

gendre m'a appris... Ce sont les danses à la mode... Vous devez connaître cela, vous, jeune homme ?

— En effet, monsieur, je connais ces danses-là, mais je ne les pratique pas. Ah! votre gendre vous apprend à danser, maintenant?

— Oui, il est peut-être un peu tard pour que j'apprenne à danser! Mais La Bergerie m'a dit que *Caton* apprenait à danser à soixante ans ; que *Platon* a fait l'éloge de la danse... Je ne ne connais pas ces messieurs-là, mais il paraît que c'était des personnages très-considérés ; et puis cet exercice me fait du bien ; il me fatigue, mais il me donne de l'appétit.

— Je regrette alors de vous avoir dérangé !

— Oh! il n'y a pas de mal... Je n'ai rien à faire maintenant! J'ai le temps de m'exercer à la danse moderne. Qui vous amène, mon cher ami? il y a bien longtemps que vous n'étiez venu me voir. Pas depuis que je vous ai refusé ma fille... Mais je vous ai dit mes raisons... et vous m'en avez voulu pourtant.

— Oh! pas du tout, monsieur ; de grâce ne parlons plus de cela. Je viens pour vous demander un renseignement... C'est pour obliger une personne qui veut faire de grandes affaires avec monsieur votre gendre...

— Avec mon gendre, tant mieux... il en sera content... Mon gendre est très-coulant en affaires...

Peut-être même trop coulant... moi, je tâtonnais davantage !... Enfin de quoi s'agit-il, quel est ce renseignement ?

— Cette personne, avant d'entreprendre une affaire importante avec monsieur de la Bergerie, prétend être parfaitement renseignée sur sa solvabilité; elle désire surtout savoir son nom de famille; car on assure que monsieur votre gendre en a un autre que La Bergerie et, comme vous lui avez donné votre fille, vous devez le savoir mieux que tout autre... Il a dû vous montrer ses papiers...

— Pardieu ! cela tombe sous le sens ! Est-ce qu'on croit que j'aurais marié ma fille à un homme qui n'aurait pas de papiers ; ce serait du propre ! D'ailleurs, à la mairie il faut bien exhiber ses actes.

— C'est juste, alors vous savez...

— Je sais qu'en effet La Bergerie est un petit nom de fantaisie qu'il a ajouté au sien depuis son mariage ; mais son nom de famille est Damfleury... Ma fille est la femme de monsieur Jules Damfleury, dit La Bergerie... Eh bien... qu'est-ce que vous avez donc, mon cher ami, vous devenez tout pâle...

— Ce n'est rien, monsieur, un étourdissement... un malaise...

— Vous avez peut-être déjeûné avec du homard,

c'est très-lourd !... Voulez-vous un verre d'eau... quelque chose...

— Merci, monsieur, ce n'est rien, cela se dissipe déjà...

— Ce pauvre garçon... Vous m'avez fait peur...

— Excusez-moi, monsieur... vous m'avez bien dit que votre gendre se nommait Jules Damfleury ?

— C'est cela même, né à Paris ; son père était architecte et sa mère... je crois qu'elle était artiste à l'Opéra... Cela vous suffit-il ?

— Oh ! parfaitement, monsieur.

— Si vous avez besoin d'autres renseignements, venez me trouver.

— Je vous remercie, monsieur, mais ce que vous m'avez dit suffira. Adieu, monsieur Philamour.

— Au revoir, mon cher... Soignez-vous, mon ami, soignez-vous ; vous êtes d'une complexion délicate ; vous n'êtes pas un gaillard comme mon gendre, vous !... Il vous faut des ménagements.

— En effet, monsieur, je ne ressemble pas à votre gendre et vous me permettrez de m'en féliciter.

Valmiral est parti après avoir dit ces mots, que M. Philamour semble ne pas comprendre. En apprenant que La Bergerie est en effet le mari de Camille, cet homme que la jeune mère croit mort, parce que depuis seize mois elle n'a plus entendu parler de lui,

Paul Valmiral a éprouvé une émotion si vive, qu'il a été sur le point de laisser échapper de ses lèvres quelques paroles qui auraient trahi le secret terrible qu'il vient de découvrir. Et cependant ce secret, qui, une fois connu, attirerait un juste châtiment sur la tête du coupable, il tremble de le révéler, et se dit :

— Si cette jeune femme apprend que son mari existe, mais qu'il l'a abandonnée ainsi que son enfant pour se marier à une autre, quel sera son désespoir, sa douleur... Ne vaut-il pas mieux qu'elle croie son mari mort... Ah! s'il ne s'agissait que d'instruire Zénobie et son père, je ne balancerais pas un moment à leur faire connaître cet époux, ce gendre qui les a si bien ensorcelés. Mais que je leur dise que La Bergerie avait déjà une femme légitime, quand il a conclu leur alliance, ils ne me croiront pas ! ils m'accuseront de calomnie ; pour leur prouver que je dis vrai, il me faudra leur présenter la première épouse de ce La Bergerie... Alors, il aura donc fallu tout dire à cette pauvre mère ; il aura fallu lui faire connaître la honteuse conduite de son mari et la décider à en demander vengeance. Non, je connais déjà le cœur de Camille, je connais cette âme bonne et généreuse, elle préférera rester abandonnée, malheureuse, plutôt que d'attirer le déshonneur et un juste châtiment sur le père de son enfant. Non,

Camille ne poursuivra pas cet homme devant les tribunaux. Ainsi, il faudra laisser ce misérable vivre au sein des plaisirs de l'aisance, pendant que sa femme et son enfant seront obligés de travailler pour vivre !... Ah ! cette pensée est affreuse... Que dois-je faire... Chère Camille, elle ne se doute pas des tourments que j'endure déjà pour elle... Mais le plus sage est de me taire, de garder dans mon sein ce secret terrible... et de lui épargner le supplice de se savoir la femme d'un bigame.

X

MADAME VERDOYANT

Au Grand-Hôtel, dans un des plus beaux appartements, une dame venait d'achever sa toilette, mais continuait à se regarder dans une psyché, se tournant de droite puis de gauche, pour voir l'effet de la robe nouvelle qu'on vient de lui apporter et s'assurer si la queue en était assez longue.

Cette personne est madame Olympe Verdoyant, veuve d'un riche entrepreneur de bâtiments, qui, en mourant, lui a laissé cent mille francs de revenu et le château qu'elle habite presque toute l'année dans les environs de Fontainebleau. Dans cette position, il semblerait que cette dame doit être parfaitement heureuse, car elle n'a personne qui puisse s'opposer à ses volontés ; elle n'a pas d'enfants, est maîtresse absolue de sa fortune et peut contenter toutes ses fantaisies.

Cependant cette dame pousse souvent de gros soupirs! Pourquoi? Est-ce le chagrin d'avoir perdu son mari qui la rend mélancolique? Non, vraiment : Olympe n'a jamais eu d'amour pour M. Verdoyant, qui avait l'inconvénient de suer des pieds, infirmité que la plus grande fortune ne peut guérir. Et sa femme ne l'abordait jamais qu'en tenant sous son nez un mouchoir bien parfumé. Elle ne regrette donc pas son époux. Mais Olympe, qui n'a jamais été jolie, et qui a maintenant quarante-huit ans sonnés, se plaint à présent d'avoir été sacrifiée à un mari qu'elle ne pouvait pas sentir, ou qu'elle sentait trop, et de n'avoir pas connu l'amour. Elle veut absolument connaître l'amour. Comme elle a cent mille francs de rente, on lui a dit qu'avec cela on pouvait connaître tout ce qu'on voulait ; alors elle s'est dit qu'elle connaîtrait l'amour.

A son château, où elle voit toujours les mêmes figures, elle n'a pas encore rencontré quelqu'un qui lui plût. Car il faut dire aussi que cette dame est fort difficile dans ses goûts ; il lui faut un bel homme, un joli garçon, qui ait de l'esprit et ne parle pas toujours de lui et ne songe pas toujours à se faire des cigarettes.

C'est dans l'espoir de rencontrer l'*idéal* qu'elle s'est créé, que cette dame vient de temps en temps passer quelques semaines à Paris. Cette fois madame Verdoyant veut aussi s'occuper d'un placement de fonds, et, pour s'amuser, est disposée à faire quelques opérations sur les chemins de fer ou toute autre valeur cotée à la Bourse.

En ce moment, sa grande opération est l'essai de la robe qu'on vient de lui livrer. La couturière qui vient de la lui apporter, ne cesse de s'écrier :

— Je vous assure, madame, que cette robe vous va comme un ange... Elle vous prend parfaitement la taille...

— Vous trouvez? Elle me semble un peu large...

— Madame n'a pas besoin de se serrer, elle a la taille assez fine sans cela... Trop mince, ce n'est pas joli... Je l'ai entendu de messieurs, qui parlaient d'une dame dont la taille était à mettre dans un anneau ; ils disaient : On n'ose pas la toucher... on a peur de la casser.

Madame Verdoyant, qui ne tiendrait pas dans le cercle d'un seau, trouve le mot très-joli et cela la fait rire.

— Oui, c'est vrai... vous avez raison, une taille trop mince ce n'est pas joli... Les hommes veulent trouver quelque chose... qui promette. Mais il me semble que je ne suis pas assez décolletée... J'ai de belles épaules, je ne suis pas fâchée qu'on les voie un peu...

— Je vous assure, madame, qu'on les voit bien assez!...

— Et ma queue... on les porte longues maintenant. Celle-ci n'est pas assez longue...

— Mais voyez donc! madame... elle va d'un bout de la chambre à l'autre.

— Oh! c'est égal! ce n'est pas assez long... quand on possède cent mille francs de rente, on doit avoir une queue remarquable.

— Madame, si elle était plus longue, tout le monde marcherait dessus. On ne pourrait pas vous approcher sans tomber...

— C'est ce qu'il faut! Qu'on marche dessus, qu'on tombe, elle n'en fera que plus d'effet. C'est entendu. Vous allez remporter la robe, vous allongerez la queue, vous raccourcirez le corsage, et elle sera parfaite.

La couturière remporte la robe en se disant :

— Quand tu auras une jolie tournure, toi, c'est que les poules auront des dents. Ah! vivent les femmes jeunes et bien faites, la robe va toujours bien.

La couturière était partie et Olympe avait fait une

autre toilette, lorsque sa domestique vient lui d[ire]
qu'un monsieur demande à lui parler.

— Un monsieur... A-t-il dit son nom?
— Jules de Senneterre.
— De Senneterre! Je ne connais pas cela. Qu[elle]
espèce d'homme est-ce?
— Madame, c'est un monsieur très-bien, très-é[lé]-
gant... de belle tournure...
— Jeune?
— Oui, madame, c'est un jeune homme.
— Introduisez-le... Ah! un instant, Sophie...
Voyez donc si mes cheveux vont bien... si mes b[ou]-
cles ne sont pas dérangées...
— Il n'y a rien de travers, madame est superbe!
— Allez... faites entrer ce monsieur... A[h!]
Sophie...
— Madame?
— Ma bottine gauche est délacée... voyez... [ar]-
rangez cela bien vite...
— Oh! ce n'est rien... madame a pourtant [le]
pied solide... C'est le lacet qui a cassé... mais c[ela]
peut se rattacher... Voilà qui est fait.
— Allez dire à ce monsieur d'entrer... Ah! S[o]-
phie... ma ceinture est trop lâche...

Mais Sophie est déjà partie et madame est oblig[ée]
de garder sa ceinture telle qu'elle est.

La Bergerie est introduit chez madame Verdoyant. Il se présente avec cet aplomb, cette aisance qui ne l'abandonnent jamais, fait un salut très-profond, auquel on répond par une gracieuse révérence et dit :

— Madame, ma démarche vous semblera peut-être un peu osée... mais j'ai toujours eu pour principe que dans les affaires il fallait aller droit au but et affronter même un échec...

— Monsieur, prenez donc la peine de vous asseoir... Je vous écouterai beaucoup mieux...

— Mais, madame, je crains... vous alliez sortir peut-être...

— Non, monsieur, veuillez vous expliquer.

— Madame... je me nomme Jules de Senneterre. Je suis dans les affaires... Je vais tous les jours à la Bourse... Je suis très au courant de toutes les valeurs... Autrefois je faisais des affaires pour moi, maintenant j'en fais pour les autres... Mais il faut savoir supporter les caprices de la fortune...

— Vous avez éprouvé des revers, monsieur?

— Oh! madame, ceci ne mérite pas de vous occuper! Ce n'est pas pour vous parler de moi que j'ai eu l'audace de me présenter chez vous... Mais dernièrement je me promenais sur le boulevard des Italiens avec un de mes anciens amis... Alfred Breilly, qui a eu l'avantage de se trouver avec vous en soirée, madame, chez une dame fort spirituelle, madame Bigonet.

— Oui, je suis allée à une fort belle soirée chez madame Bigonet. Et votre ami se nomme?

— Alfred Broilly.

— Alfred Broilly... En effet, je crois me rappeler un jeune homme très-petit?

— Il n'est pas grand, c'est vrai, mais il est assez bien de figure...

— Oh! oui, mais il est trop petit!... Comment voulez-vous qu'une dame d'une taille un peu élancée donne le bras à un cavalier qui aurait l'air de sortir de sa poche!

— Ah! ah! charmant! délicieux... sortir de sa poche est adorable!... Il est certain que ce pauvre Alfred ne serait pas digne de donner le bras à une belle femme... telle que vous, madame. Pardon, ceci n'est point un compliment, c'est une simple observation.

Madame Verdoyant minaude le plus joliment qu'il lui est possible, tout en examinant fort attentivement ce monsieur qui est devant elle, et l'examen n'est point défavorable à La Bergerie, qui n'a pas l'air de s'apercevoir qu'on le passe en revue, et poursuit son discours.

— Alfred, tout en causant avec moi sur le boulevard, me montra une calèche que des embarras de voitures avaient forcée de s'arrêter. Dans cette calèche était une dame, remarquable par son air de distinction et le bon goût de sa toilette, il s'écria : « Voilà une dame avec laquelle j'ai eu le plaisir de passer la soirée chez madame Bigonet... J'aurais été charmé de faire plus ample connaissance avec elle. Mais elle ne se fixe pas à Paris. Elle y vient pour s'occuper d'un placement de fonds, et comme je n'entends rien à cela, je n'ai pu lui offrir mes services. Mais toi, mon cher, qui passe une grande partie de ton temps à la Bourse, tu devrais bien aller trouver madame Verdoyant, c'est le nom de la personne que tu vois dans cette calèche, et tu lui offrirais de te charger de ses affaires, car cette dame est veuve, et il y a de ces démarches, de ces courses que les dames n'aiment point à faire. Je vous avoue, madame, que cette proposition me plut infiniment, et j'allais prier Alfred de me présenter à vous sur le champ, mais votre calèche venait de repartir. Je me hâtai donc de demander votre adresse... il ne la savait pas... mais, à Paris, les personnes comme vous, madame, se trouvent bien vite. Et, vous le voyez, aujourd'hui, sans autre recommandation, je me suis permis de me présenter devant vous. Si ma démarche vous déplait... vous allez me renvoyer, madame, et je me retirerai, encore heureux d'avoir eu le plaisir de vous entretenir un moment.

— Non, monsieur, non, je ne vous renverrai pas, et votre démarche est bien loin de me déplaire. Vous vous recommandez trop bien vous-même, pour avoir besoin de l'appui de personne. D'ailleurs, je ne connais qu'à peine votre ami Alfred, qui m'a semblé un peu... comment vous dirai-je... un peu infatué de sa petite personne. Mais revenons à vous : vous n'occupez donc aucun emploi, à Paris ?

— Aucun, madame. Par mes parents j'avais quelque fortune... des amis m'ont exploité... Je suis ce qu'on appelle agent de change marron... c'est-à-dire que j'en fais les fonctions sans en posséder la charge...

— Vous êtes... marié, monsieur ?

— Marié !... oh! non, madame, et qui donc voudrait de moi? un pauvre diable qui n'a pas le sou!... Oh! je vous prie de croire que je me rends justice, et que je n'aurai jamais la folie de croire qu'une femme aimable voudra de moi... Et c'est à cela surtout que je tiendrais !... J'ai horreur des femmes bêtes !...

— Ah! ah! ah !... eh bien franchement, je trouve que vous avez raison... Car passer sa vie avec quelqu'un qui ne sait pas un peu causer... ah! c'est bien triste... J'en sais quelque chose, monsieur !

— Vraiment, madame, est-ce que par hasard monsieur Verdoyant... n'était point aimable ?

— Ah ! monsieur ! il n'y avait pas moyen de causer avec lui...

— En vérité... Vous étiez bien mal assortis alors !..

— Oh ! moi... je n'ai point la prétention d'être une femme bel esprit ! comme madame Digonet, mais j'aime une conversation intime... dans laquelle on peut s'épancher...

— C'est bien ce qu'il y a de plus agréable... Oh ! ne me parlez pas non plus d'une femme bel esprit ! Celles-là sont prétentieuses, pédantes, et généralement très-sardoniques... elles abîment tout le monde et pour faire un bon mot ne ménageraient pas leur meilleure amie...

— C'est vrai... Comme vous les jugez bien... Et vous habitez constamment Paris, monsieur?

— Il le faut bien !... Où voulez-vous que j'aille? Je n'ai point de maison de campagne, moi. Ah ! c'est bien là ce qui fait ma peine !... J'aurais tant aimé la vie des champs... Tous ces plaisirs tranquilles que l'on peut y goûter... la promenade, la pêche... la musique...

— Ah ! vous êtes musicien ?

— Je joue assez passablement du violon... et vous, madame ?

— Moi, je joue du tambour de basque...

— C'est charmant, surtout en dansant un boléro.

— J'adore les danses espagnoles...

— Je le crois, elles permettent de développer les grâces. Enfin, avec tout cela, et la botanique... la culture des fleurs...

— Vraiment, vous aimeriez cela... Vous ne regretteriez pas le mouvement, le bruit... le tourbillon de Paris ?

— Paris ! Oh ! madame, bien loin de le regretter, je voudrais le quitter pour n'y revenir jamais... Mais, hélas ! ceci est un beau rêve, que je ne verrai pas se réaliser.

Madame Verdoyant demeure quelques moments pensive. La Bergerie fait semblant de la contempler. Puis, lorsqu'elle lève les yeux sur lui et rencontre les siens, il s'empresse de détourner ses regards, comme honteux de son audace et reprend :

— Madame a donc des fonds à placer ?...

— Oui, monsieur, une soixantaine de mille francs. Je ne sais ce que je veux en faire..., et si vous voulez bien me guider dans leur emploi...

— Madame, je tâcherai de me rendre digne de

votre confiance. Je vais de ce pas à la Bourse, savoir ce qui peut être le meilleur en ce moment; et, si vous me le permettez, demain, à la même heure, je viendrai vous faire part du résultat de mes renseignements.

— Je vous en serai fort reconnaissante, monsieur, et je vous attendrai demain.

— En attendant, voici ma carte, madame, car c'est bien le moins que vous sachiez à qui vous avez affaire.

La Bergerie présente une carte sur laquelle il avait fait graver le nom de Jules de Senneterre et l'adresse du petit logement qu'il avait loué pour ses intrigues secrètes. Il donne cette carte à madame Verdoyant en s'inclinant profondément devant elle, et celle-ci lui lance un doux regard en murmurant :

— Je vous attends demain... ne m'oubliez pas.

— Vous oublier ! Ah ! madame, je le voudrais que cela me serait impossible.

A peine La Bergerie est-il parti que madame Verdoyant sonne sa bonne.

— Sophie !... Sophie !... vite ma voiture !...

— Madame va sortir ?

— Apparemment... Sophie, comment trouves-tu ce jeune homme qui sort d'ici ?

— C'est un bel homme... seulement il a le teint un peu... jaunâtre.

— Imbécile! c'est le teint des hommes du Levant! D'ailleurs il n'est pas jaune, il est bistré!

— Ah! les hommes du Levant sont bistrés.

— C'est tout ce qu'il y a de plus distingué.

— Moi, j'aime mieux un homme bien rougeaud... ça annonce la santé...

— Taisez-vous! M. Verdoyant l'était, rougeaud!... et Dieu sait ce que cela annonçait!... Ma voiture, tout de suite.

Olympe se fait conduire rue des Petites-Écuries à l'adresse que La Bergerie lui avait laissée. Celui-ci n'avait pas manqué de faire la leçon à sa portière, en lui mettant une pièce de vingt francs dans la main, et, pour une pièce d'or, la portière aurait volontiers juré que son locataire était un phénix.

En voyant un bel équipage s'arrêter devant sa porte et une dame élégante en descendre, madame Potin, c'est le nom de la portière, s'avance d'un air impressé :

— Madame demande quelqu'un de la maison... ou madame cherche un logement, peut-être? nous en avons un très-beau au second qui est vacant ; si madame veut le voir...

— Non, je vous remercie, je ne cherche point de

logement... Je désire avoir quelques renseignements... sur une personne qui demeure dans votre maison... Où peut-on causer un instant avec vous... sans être dérangé?

— Si madame veut me faire l'honneur d'entrer dans mon arrière-loge... elle y sera comme chez elle... C'est là que ma fille étudie son piano, mais en ce moment elle est en classe, elle va débuter au Théâtre-Français... dans *Athalie*... elle fera un chœur... et de là elle ira tout droit aux Bouffes.

Madame Verdoyant n'écoute plus la portière, elle est déjà dans la loge, puis dans la pièce du fond, où madame Potin veut absolument la faire asseoir sur le lit, parce qu'il est très-moelleux. Olympe s'obstine à ne vouloir s'asseoir que sur une chaise et la portière se tient debout devant la belle dame qui lui dit :

— J'ai besoin de renseignements précis, vrais surtout! sur un jeune homme qui loge ici... M. Jules de Senneterre... vous le connaissez?

— Monsieur de Senneterre, oh! comme si je l'avais fait, madame... C'est moi que je lui sers de femme de ménage.

— Dites-moi tout ce que vous savez sur ce monsieur... Tout! entendez-vous? et ne mentez pas... Voici pour payer votre renseignement, et je ne m'en tiendrai pas là, car j'aime à récompenser ceux qui me servent bien.

Et madame Verdoyant sort de son porte-monnaie un beau napoléon qu'elle donne à la portière. Celle-ci qui n'a jamais reçu tant d'argent, est sur le point de tomber aux genoux d'Olympe, elle se contente de se moucher, en disant :

— Madame, tout ce que je sais... tout ce que vous voudrez savoir... même ce que je ne sais pas... vous le saurez.

— Que fait ce monsieur, reçoit-il des femmes chez lui... découche-t-il quelquefois... paye-t-il son terme exactement?

— Rubis sur l'ongle, madame, c'est un monsieur qui est rangé comme un papier de musique... il fait à la Bourse, à ce que je crois... Je lui entends souvent dire : Si on me demande, je suis à la Bourse. Pour recevoir des femmes, jamais ! Oh ! excepté moi, pas un cotillon ne s'est présenté chez lui... et quant à ce qui est de découcher... lui ! monsieur Jules ! mais il aimerait mieux coucher dans la rue que de découcher... C'est sage comme une demoiselle ! qui est sage, car j'en connais qui ne le sont guère !... Mais M. de Senneterre, à onze heures il est presque toujours rentré.

— Et il ne vient pas des créanciers le tourmenter, le harceler?

— Jamais! Ah! une fois, le porteur d'eau est venu lui réclamer une voie d'eau qu'il prétendait avoir apportée le dimanche, et je suis sûre qu'il se trompait; c'était au-dessus qu'il l'avait portée... la dame au-dessus l'a nié, moi je sais très-bien que la voie est entrée chez elle et n'en est pas sortie. Au reste, M. de Şennetorre a payé, il a donné son pied dans le derrière de l'Auvergnat, mais il a payé.

— Et des lettres, en vient-il souvent pour ce jeune homme?

— Des lettres... il n'en a pas reçu une seule depuis que je fais son ménage. Ah! si... une; mais c'était la *circoculaire* du boucher en face, qui annonçait dans le quartier qu'il allait vendre du cheval au lieu de bœuf, mais que ce serait plus cher, parce que ce serait du cheval couronné. La lettre n'était même pas cachetée.

— Merci, madame, de vos renseignements, vous êtes certaine de tout ce que vous m'avez dit?

— Comme de la vertu de Paméla ma fille, qui fait un chœur dans *Athalie*.

— Alors je vois que l'on peut avoir confiance dans ce monsieur...

— Confiance! ah! madame, je mettrais ma fille

coucher sous son lit, et je suis sûre qu'il l'y laisserait.

— Adieu, madame, si j'ai besoin d'autres renseignements je reviendrai.

— Madame, de jour, de nuit, qu'il pleuve, qu'il vente!... je suis à vos ordres.

— Je n'ai pas besoin de vous prier de garder le silence sur ma visite.

— Ah! madame!... j'aurais douze langues que pas une ne bougerait là-dessus.

Madame Verdoyant glisse encore une pièce de dix francs dans la main de la portière et quitte la loge. Madame Potin, à la vue d'une nouvelle pièce d'or, fait une révérence si profonde qu'elle s'asseoit par terre.

XI

LE MAGASIN DE BLANC

Après sa conversation avec M. Philamour, lorsqu'il ne peut plus douter que le mari de Zénobie est aussi celui de Camille, Valmiral ne s'est pas senti le courage d'aller voir cette jeune mère si lâchement abandonnée par ce monsieur. Le lendemain cependant, ne voulant pas tarder davantage à revoir celle qui compte sur sa protection et son amitié, il se rend au petit hôtel de la rue de Bretagne.

Lorsqu'il passe devant le concierge, en nommant la personne chez laquelle il se rend, celui-ci lui crie :

— Au sixième, monsieur, ce n'est plus au cinquième étage ; c'est au-dessus, la porte à gauche.

— Pourquoi donc cette dame n'occupe-t-elle plus le même logement?

— Ah dame, monsieur, c'est que probablement madame Damfleury aura voulu diminuer son loyer... elle en avait pour quarante francs par mois, elle n'en a plus que pour vingt-cinq.

— Pauvre femme, se dit Valmiral en montant rapidement l'escalier; elle voit sans doute ses ressources diminuer... et croit que je l'oublie... Ah! maintenant je saurai bien lui avoir de l'ouvrage. Mais tâchons surtout qu'elle ne sache pas la vérité.

Il sonne au sixième étage. C'est la petite Marie qui lui ouvre et fait un bond de joie en le reconnaissant. Le jeune homme sent son cœur se serrer en entrant dans cette petite chambre qui fait mansarde et n'a qu'une fenêtre en tabatière, de façon qu'il faut monter sur un banc pour apercevoir la maison en face.

— Pourquoi donc avez-vous déménagé, dit-il en tendant sa main à Camille qui lui sourit tristement. Vous ne voyez rien dans cette chambre... vous êtes horriblement mal ici.

— Mais non, monsieur, nous ne sommes pas trop mal... et puis c'est beaucoup moins cher ici qu'au-dessous... il faut économiser.

— A quoi bon, vous allez avoir de l'ouvrage tant

que vous en voudrez... vous savez travailler en linge, m'avez-vous dit?

— Oh! oui.

— Eh bien! je suis justement chargé de faire confectionner des chemises pour homme... on m'avait prié d'acheter de la percale, mais je ne m'y connais pas si bien qu'une dame. Vous serez bien aimable de vous charger de faire cet achat, ensuite vous ferez les chemises... il en faut deux douzaines... on paye dix francs de façon... Cela vous convient-il?

— Dix francs de façon! mais ce n'est pas possible, monsieur Valmiral, jamais on n'a donné autant pour la façon d'une chemise...

— En province, peut-être, mais à Paris on paye très-bien... très-cher... seulement il faut que ce soit fort bien fait. Voilà un billet de cinq cents francs, aurez-vous la bonté de vous charger de l'achat de la percale et de la toile pour les devants...

— Mais je crains... Je puis ne pas acheter comme on le désire...

— Pardonnez-moi... Tout ce que vous ferez sera très-bien... j'en fais mon affaire... Voilà donc qui est arrangé; vous aurez de l'ouvrage tant que vous en voudrez, mais j'y mets une condition, c'est que vous reprendrez votre chambre au-dessous et que vous ne resterez pas dans cet affreux réduit!...

— Ah! oui, maman, reprenons l'autre logement, ici je ne peux pas voir par la fenêtre, je suis trop petite... et puis, en sautant, je me suis cognée deux fois la tête contre ce vilain mur qui descend de travers...

Camille embrasse Marie et tend de nouveau sa main à son nouvel ami en lui disant :

— Vous êtes trop bon pour nous... vous êtes pour moi un frère!... Comment ai-je mérité de vous intéresser ainsi?

Le jeune homme presse tendrement cette main qu'on lui présente, en répondant :

— Comment vous avez mérité?... Mais n'est-ce donc pas tout naturel... une jeune femme... un enfant... si lâchement abandonnés...

— Vous pensez donc maintenant qu'il n'est pas mort et qu'il nous a volontairement abandonnées! dit Camille en cherchant à lire dans les yeux de Valmiral.

Celui-ci est un moment embarrassé, il balbutie :

— Je ne dis pas cela... positivement!... Mais n'admettez-vous pas que cela serait dans les choses possibles?...

— Oh! non... non... je ne puis croire que, sans motif... sans raison... on abandonne sa femme et son enfant!...

— Hélas! madame, de tels exemples ne sont malheureusement que trop communs! Un cœur droit et pur, une âme honnête, ne peuvent comprendre cet oubli de tous ses devoirs, chez un homme auquel on a confié sa liberté, sa vie!... et pourtant combien n'en voyons-nous pas de ces hommes qui, pour satisfaire leurs passions, foulent aux pieds tout ce qu'il y a au monde de plus sacré!...

— Mon Dieu! comme vous me dites cela... pourquoi donc aujourd'hui avez-vous ces affreuses pensées?

— C'est que j'ai réfléchi... La conduite de votre mari m'a paru si extraordinaire... et puis ce qu'il a fait sans vous en prévenir... Vendre cette maison qui vous appartenait, où vous étiez née... Ah! c'était déjà bien mal, cela!...

— Sans doute... mais peut-être avait-il absolument besoin d'argent pour aller en Amérique et n'avait-il pas d'autre ressource!...

— On ne part pas pour un autre monde, quand on doit laisser sa femme et son enfant sans rien, sans autre avenir que la misère et le malheur... On reste près d'eux, au contraire, et l'on travaille nuit et jour pour améliorer leur position.

— Mais c'était aussi dans l'espoir de l'améliorer,

de revenir avec de la fortune, qu'il entreprenait ce grand voyage.

— Ah ! madame !... vous êtes bonne... vous cherchez toujours à excuser la conduite de votre mari... Vous l'aimez encore, on le voit bien... et moi je crois qu'il n'était pas digne de votre amour ; qu'il ne méritait pas de posséder une femme telle que vous, cet homme ! et que maintenant ce que vous avez de mieux à faire est de l'oublier... de ne plus penser à lui.

Camille, tout en écoutant Valmiral, cherchait à lire sur son visage, à deviner le fond de sa pensée, elle remarque cette hésitation d'une personne qui sait beaucoup de choses et craint d'en dire trop, elle s'écrie :

— Mon ami... car je puis vous donner ce titre, à vous, vous avez découvert quelque chose... vous en savez plus que vous ne voulez me dire... sur mon mari... sur ce qu'il a fait... De grâce, parlez... dites-moi tout ce que vous avez appris...

— Non, madame, non... je vous assure que je ne sais rien... que je n'ai rien appris touchant monsieur Damfleury ; seulement, je vous le répète, j'ai réfléchi à ce que vous m'avez raconté... J'ai rapproché toutes les circonstances... et le résultat de mes réflexions n'a pas été favorable à votre mari. Enfin, si j'ai un conseil à vous donner, c'est de cesser désormais toute démarche pour savoir ce qu'il est devenu.

— Ah! c'est là votre pensée?... Mais alors pourquoi resterais-je encore à Paris?

Valmiral rougit; il sent qu'il vient de faire une faute, et balbutie d'une voix tremblante :

— Ah! j'ai tort en effet de vous dire cela... il est possible que vous rencontriez ici monsieur votre époux... Mais, dans tous les cas, je ne vois aucune raison pour que vous quittiez Paris... où vous ne manquerez jamais d'occupation... et puis enfin... si j'osais me compter pour quelque chose... je vous dirais que je serais bien malheureux maintenant, s'il me fallait renoncer au bonheur de vous voir.. vous que je regarde... comme ma sœur, et cette chère petite que j'aime tant!

Il y avait dans la manière dont le jeune homme s'exprimait quelque chose qui ne ressemblait guère à l'amitié d'un frère pour sa sœur. Mais Camille qui ne veut pas comprendre autre chose, sourit à Valmiral en lui disant :

— Eh bien! nous resterons, mon ami, nous ne vous quitterons pas; car nous aussi, croyez-le bien, nous serions fâchées de ne plus vous voir. Marie vous aime beaucoup, elle me parle sans cesse de vous. Enfin elle se plaît à Paris... n'est-ce pas, chère enfant?

— Oh! oui, maman, c'est plus gai que Joinville!... Seulement nous ne resterons pas dans cette vilaine chambre, n'est-ce pas?... Mon ami Paul a dit qu'il fallait retourner où nous étions d'abord.

— Oui, ma fille, nous lui obéirons, nous ferons tout ce qu'il nous conseillera. Mais aussi, il n'aura pas de secrets pour nous... il nous dira tout ce qu'il aura appris sur ton père?...

— Oui, madame, oui, je vous dirai tout ce qui peut assurer désormais votre tranquillité... Je vous le répète, ne vous fatiguez plus à courir dans les hôtels vous informer de monsieur... Damfleury, c'est moi qui me chargerai désormais de ce soin... Vous avez dans ce quartier la place Royale, les boulevards, où vous pouvez promener Marie... et ce quartier-ci est bien moins dangereux pour les piétons que du côté de la chaussée d'Antin, où il passe tant de voitures.

— Oh! oui, s'écrie Marie, moi je ne veux plus aller sur ce boulevard où j'ai eu si peur...

— Sois tranquille, chère enfant, je ne t'exposerai plus à de nouveaux dangers. Mais vous voulez que je me charge d'acheter de la toile, de la percale; où dois-je aller pour cela?

— Mon Dieu, madame, sur les boulevards, par ici, ou dans la rue Saint-Antoine, vous trouverez des magasins de blanc, vous n'aurez que l'embarras du choix. Maintenant je vous quitte, car mes affaires me réclament; mais vous me reverrez bientôt.

Valmiral a pris congé de Camille, qui dit à sa fille :

— Mets ton chapeau, nous allons sur-le-champ al'or faire les achats dont on m'a chargée.

— Ah! oui, maman, nous allons nous promener sur les boulevards, n'est-ce pas?

— Sans doute, nous y trouverons, je pense, les marchandises dont j'ai besoin.

— Et puis tu vas dire au portier qu'il nous rende notre jolie chambre d'ici dessous.

— Oui, puisque cela te fait tant plaisir... Car, moi, je ne me trouvais pas mal dans celle-ci.

— Maman, tu sais bien que notre ami Paul la trouve très-vilaine et qu'il t'a fait promettre de la quitter; il ne faut pas le contrarier, notre ami!...

— Ah! ce jeune homme est trop bon pour nous!... Mais aujourd'hui il m'a semblé qu'il me cachait quelque chose... Viens, ma fille, allons acheter ce qu'il nous faut pour nous mettre au travail.

La petite Marie entraînait toujours sa mère vers les boulevards où elle admirait toutes les boutiques. Camille a tourné du côté de la porte Saint-Martin. Arrivée sur le boulevard du Temple, elle aperçoit un beau magasin de blanc, elle y entre et demande à voir de la percale et de belle toile pour chemises.

Une grande jeune fille aux yeux noirs, au sourire gracieux, s'empresse de lui montrer des pièces de percale, et, tout en développant sa marchandise, regarde à chaque instant la petite Marie, en disant :

— Oh ! la jolie petite fille... quel air raisonnable... Quel âge a-t-elle ? madame.

— Quatre ans et demi.

— Et se tenant déjà comme une petite femme. Comment vous nommez-vous ? mademoiselle.

— Je m'appelle Marie, madame.

— Eh ! bien, mademoiselle Marie, voulez-vous me permettre de vous embrasser...

— Oui, madame.

Mathilde, car c'est l'amie de Lisa, la ci-devant maîtresse de La Bergerie, que nous venons de retrouver dans son magasin de blanc, embrasse tendrement l'enfant, puis va lui chercher des bonbons, que Marie n'accepte qu'après en avoir demandé la permission à sa mère. Celle-ci remercie Mathilde :

— Vous êtes trop bonne pour ma fille, mademoiselle... Vous aimez les enfants?

— Oh ! pardon, madame, mais votre petite Marie a dans les traits une expression si douce ! si gentille...

que j'en serais folle si elle était à moi... Ah! vous devez bien l'aimer...

— Oh! oui, c'est toute ma consolation!

Mathilde n'ose pousser plus loin ses questions. Mais elle sert Camille comme une pratique, lui montrant ce qu'il y a de mieux et de meilleur.

Lorsque la jeune femme a terminé ses achats, on lui fait un paquet de la toile et de la percale, et le paquet se trouve être assez volumineux.

— Vous n'allez pas emporter cela vous-même? lui dit Mathilde.

— Mais pourquoi pas?

— Parce que c'est beaucoup trop gros, trop lourd, et que donnant la main à une enfant, cela vous gênerait. Où demeurez-vous?

— Rue de Bretagne... Voici mon nom, mon adresse.

— C'est tout près d'ici. Soyez tranquille, avant deux heures cela sera chez vous...

— Vraiment, mademoiselle, on aura cette complaisance?

— Mais c'est notre devoir, madame.

— Et on ne m'oubliera pas?

— Je vous répète que dans deux heures ce paquet sera chez vous.

Camille remercie, paye ses achats, et s'en retourne avec sa fille, qui lui dit :

— Maman, elle est bien aimable cette dame qui nous a servies ; elle m'a embrassée, elle m'a donné des bonbons... pourquoi donc cela ?

— Mais parce qu'elle t'a trouvée gentille et l'air bien raisonnable.

— Mais maman, je suis aussi gentille et j'ai l'air aussi raisonnable, quand nous entrons dans d'autres boutiques, et on ne me donne pas de bonbons, et on ne m'embrasse pas.

— Ma chère amie, c'est qu'on ne plaît pas à tout le monde...

— Même quand on est toujours gentille ?

— Oui, ma fille, même quand on est toujours gentille... toujours bonne, toujours aimante !

— Ah ! ceux-là aiment donc mieux les petites filles méchantes ?

— Non... ceux-là n'aiment pas les enfants.

Deux heures ne se sont pas écoulées depuis que Camille est de retour chez elle avec Marie, et réintégrée dans son logement du cinquième, lorsqu'on frappe à sa porte, et bientôt Mathilde paraît, tenant sous son bras le paquet de toile et de percale.

— Comment, mademoiselle, c'est vous qui vous

êtes donnée la peine d'apporter ce paquet? s'écrie Camille en allant au devant de Mathilde.

— Oui, madame, j'ai voulu me charger moi-même de cette commission afin d'avoir le plaisir de revoir encore ce petit ange... Cela ne vous fâche pas, madame?

— Me fâcher!... Est-ce qu'une mère n'est pas toujours heureuse quand on témoigne de l'amitié à son enfant?... Marie, va donc embrasser mademoiselle...

— Oh! avec plaisir.

La petite fille court se jeter dans les bras de Mathilde qui la couvre de baisers.

— Asseyez-vous donc, mademoiselle, vous avez monté nos cinq étages... c'est fatigant!...

— Madame, vous êtes bien bonne... mais je crains de vous déranger... d'être indiscrète en prolongeant ma visite...

— Oh! pas du tout...

— Pardonnez ma question, madame, vous êtes ici dans un hôtel garni... vous n'êtes donc pas habituellement à Paris?

— Je suis à Paris depuis quelques semaines seulement. J'y suis venue espérant y trouver une personne... qui m'est chère... Mes recherches ont été vaines... Je comptais repartir... mais quelqu'un qui s'intéresse à nous m'a conseillé de rester à Paris, en me promettant de m'y faire avoir de l'ouvrage...

— De l'ouvrage... en lingerie !

— Oui, madame.

— Oh ! mais je suis bien contente d'être venue alors... De l'ouvrage, je puis vous en procurer aussi et tant que vous en voudrez, car nous employons beaucoup de monde... ma patronne ayant un magasin de confection.

— Vraiment, madame, vous auriez la bonté de penser à moi?

— La bonté ! mais ce sera un plaisir... un grand plaisir... Tenez, c'est drôle, il y a des personnes pour lesquelles on éprouve tout de suite de la sympathie... et j'en ai sur-le-champ ressenti pour vous, madame, et cette chère petite que j'aurai tant de bonheur à revoir.. pour qui je ne serai plus une étrangère et qui finira par m'aimer un peu... N'est-ce pas, chère enfant, que lorsque vous me connaîtrez davantage, vous m'aimerez aussi?...

— Ah ! je vous aime tout de suite ! madame.

Mathilde presse de nouveau la petite Marie dans ses bras, puis elle reprend :

— Ce que je vous ai dit ne vous offense pas, j'espère, madame. Vous ne trouverez pas mauvais que moi, simple ouvrière dans un magasin, je cherche à vous rendre service?

— Bien loin de là, mademoiselle, je vous en remercie... car j'ai grand besoin de personnes obligeantes qui veuillent bien s'intéresser à moi.

— Nous n'avions qu'un ami, s'écrie Marie, à présent nous en aurons deux...

— Madame, je me nomme Mathilde Derbois, je n'ai plus que des parents éloignés que je vois peu, parce qu'ils m'ennuient. J'ai vingt-trois ans, je suis d'un caractère franc, un peu trop sans façon, peut-être, mais je ne suis pas méchante, et quand j'aime les gens, oh! je les aime bien... Il y a quatre ans déjà que je suis dans le magasin où vous m'avez vue et où l'on me traite comme une enfant de la maison. Est-ce que vous me permettrez de venir quelquefois vous voir ! d'abord pour vous apporter de l'ouvrage, ensuite pour embrasser ma petite amie?

— Oui, mademoiselle, vous nous ferez grand plaisir... et plus tard... quand nous nous connaîtrons mieux... vous saurez que je ne suis pas indigne de cet intérêt que vous me témoignez.

— Oh! je n'en doute pas, madame... mais il faut que je retourne au magasin. A bientôt, madame, puisque vous me le permettez.

— A bientôt, mademoiselle Mathilde

— Au revoir, Marie.

— Au revoir, ma nouvelle amie...

Mathilde embrasse encore l'enfant et part. Marie court à sa mère en lui disant :

— Maman, tu veux bien que je l'aime, n'est-ce pas?

— Mais sans doute! ma fille.

— Oh! je suis bien contente, je suis amie d'un monsieur et d'une demoiselle.

XII

MONSIEUR PHILAMOUR AU BAL

Le marchand de planches, qui n'en a plus une seule dans son magasin, vient d'entrer chez sa fille en s'écriant :

— Je ne sais plus ce que cela veut dire! Je ne comprends plus rien aux opérations commerciales de mon gendre! Comment, il a encore tiré sur moi une traite de trois mille francs, que je suis obligé de payer pour que notre signature ne soit pas en souffrance... C'est extrêmement désagréab'e... Je sais bien qu'il me dit : Vous vous rembourserez de tout cela quand nous ferons l'inventaire. Mais nous ne le faisons jamais, cet inventaire, et les planches ne rentrent pas. Où est ton mari? Zénobie, appelle-le;

il faut absolument que je lui parle et qu'il m'explique ses opérations.

— Mon mari! ah! il fait comme les planches, mon père, il ne rentre pas!... Je vous assure que je suis à présent comme si je n'étais pas mariée. Je ne vois plus mon mari ni le jour, ni le soir, ni la nuit!... Je commence à trouver que M. de La Bergerie se conduit avec moi d'une façon très-inconvenante. Il n'est jamais chez lui; quand je le vois par hasard au déjeuner, et que je lui demande pourquoi il me délaisse ainsi, il me répond en riant : Patience, ma chère amie, avant peu tout cela changera, je te prépare une surprise à laquelle tu ne t'attends pas...

— Une surprise... il m'a dit cela aussi à moi... C'est sans doute sa grande opération avec la Norwége, qui doit nous rapporter des millions...

— En attendant qu'il ait des millions, quand je lui demande de l'argent, il me répond : Je n'en ai pas, demandes-en à ton père.

— Comment, à moi ? et ta dot ? est-ce que tu n'as pas eu ta dot?... elle devait être pour ta toilette.

— Je ne sais pas ce que mon mari en a fait, mais quand je lui dis : Il me faut de l'argent pour payer ma modiste et ma couturière, savez-vous ce qu'il me répond ?

— Il te répond : Tu en auras demain.

— Non vraiment, il me dit : Est-ce qu'on paye ces gens-là ! fi donc ! c'est mauvais genre de payer ses fournisseurs.

M. Philamour se gratte l'oreille en murmurant :

— Mauvais genre !... mais quand on ne paye pas les fournisseurs, ils ne veulent plus fournir. Moi, j'ai toujours payé les miens. Mon gendre a sans doute voulu dire qu'on ne les payait qu'à la fin de l'année.

— Mon père, cela ne peut pas durer comme cela... Je ne me suis pas mariée pour n'avoir point de mari, pour que celui que j'ai épousé me plante là tous les soirs et ne me procure aucun agrément. Si cela continue comme cela, je vous préviens que je ferai des sottises !

— Dans quel genre ?

— Je ne sais pas encore, mais certainement j'en ferai. Enfin, tenez, aujourd'hui il y encore bal chez Mabille; j'avais supplié M. de La Bergerie de m'y mener, il m'a répondu : Je n'ai pas le temps !... Il n'a jamais le temps quand je le prie de me mener quelque part.

— Eh bien, ma fille, ne te chagrine point ! puisque ton mari n'a pas le temps, je te mènerai au bal, moi.

— Vraiment, mon père, vous voulez bien aujourd'hui me conduire chez Mabille ?

— Oui, chère amie, et qui plus est, je t'y ferai danser.

— Ah! que vous êtes gentil... Alors vous allez rester à dîner avec moi?

— Certainement. Tu feras monter de ta cave du madère retour de l'Inde; en as-tu encore?

— Oh! je pense que oui, moi je n'en bois jamais, et mon mari dîne si souvent en ville!

— Eh bien, je le fêterai, moi, ton madère; je veux me donner une pointe de gaieté; il faut cela pour aller au bal, et tu verras comme je danse à présent!

— Est-ce que vous avez appris, papa?

— Oui... j'ai pris quelques leçons des danses à la mode... Oh! tu seras contente de moi!

On sert le dîner, M. Philamour y fait honneur, il sable le madère, se donne une pointe, s'en donne même deux, et se sent bien en train de se livrer à la danse gymnastique. Après le dîner, Zénobie quitte son père pour aller s'occuper de sa toilette. Lorsque Philamour est seul, il s'exerce à faire le pas de *l'araignée* et de la *tulipe orageuse*; il jette ensuite sa jambe en l'air avec tant de force que dans son élan il n'a pas vu un petit cabaret placé sur une table toute mignonne; avec son pied il envoie au plafond les tasses et les soucoupes. La bonne accourt tout effrayée demander ce qui est arrivé, et Philamour, auquel le madère a donné beaucoup d'aplomb, répond qu'il a bien le droit de faire sauter la porcelaine de son gendre, puisque celui-ci ne fait pas sauter sa fille.

Zénobie passe plus de deux heures à sa toilette; règle générale : moins une femme est jolie et plus elle est longtemps à s'habiller. Enfin, à neuf heures moins un quart, elle vient retrouver son père; il était temps, celui-ci à force de faire de la danse gymnastique, était tombé éreinté dans un fauteuil et allait s'endormir. On fait avancer une voiture, le père et la fille y montent. Zénobie a mis tant de choses sur sa tête qu'elle n'ose plus remuer de crainte de déranger sa coiffure. M. Philamour ne cesse pas de dire :

— Je n'ai pas pris assez de café !

— Est-ce que vous avez envie de dormir, papa ?

— Non, oh ! bien au contraire... j'ai envie de danser... mais je n'ai pas pris assez de café... je présume qu'on en trouve où nous allons, j'en reprendrai.

— Vous n'avez donc pas encore été chez Mabille, papa ?

— Non, ma fille. Jusqu'à ton mariage, j'ai vécu à peu près confiné dans mon faubourg Saint-Antoine. Je n'allais qu'à ma brasserie, fumer, boire de la bière et faire ma partie de dominos. Mais j'ai entendu dire que ce jardin était très-galant, que c'était le rendez vous des jolies femmes et des toilettes à la mode. Au reste, je me flatte que nous n'y ferons par un mauvais effet; tu es superbe... Ta coiffure est formidable et, quant à moi, mon tailleur m'a fait un paletot si court, que je crois être en veste, mais il paraît que c'est le suprême bon ton.

On arrive chez Mabille, l'entrée du père et de la fille fait sensation. M. Philamour a la figure écarlate, et roule des yeux comme une carpe. Zénobie a voulu se faire si belle, elle s'est fait mettre tant de choses sur la tête, qu'elle semble porter une pyramide et marche comme si elle avançait sur une corde roide.

On les examine et l'on se dit :

— Ce sont des étrangers ou des provinciaux.

— L'homme a l'air d'un Japonais.

— La jeune femme ne serait pas trop mal, si elle n'avait pas une coiffure si extravagante.

— Si nous étions en carnaval, on croirait que ces gens-là sont déguisés.

— S'il pouvait danser, ce serait drôle !

— Ce n'est pas probable... mais il ne faut pas les perdre de vue...

— Ah ! ils vont tout de suite au café... J'avais deviné juste... ce sont à coup sûr des Allemands.

La jeune femme trouve le jardin charmant, et

comme tout le monde la regarde, elle est enchantée, persuadée que l'on admire autant sa personne que sa toilette. Philamour ne cherche qu'une chose, le café. Dès qu'il l'aperçoit, il va s'asseoir à une table, contre le gré de sa fille, qui aimerait mieux continuer à se promener, mais qui est obligée de s'asseoir en face de son père. Bientôt l'orchestre se fait entendre : il joue une délicieuse polka et Zénobie dont les pieds frétillent sous la table s'écrie :

— Ah! papa! entendez-vous... quelle ravissante musique!

— Oui... c'est une valse.

— Mais non, c'est une polka. Vous m'avez dit que vous me feriez danser...

— Danser, oui ; mais polker, je ne connais pas cela.

— Je vous ferai aller.

— Laisse-moi donc prendre du café et des liqueurs, je n'en danserai que mieux tout à l'heure. Mais nous avons tout le temps... la soirée est à nous. En effet, cet orchestre est fort bon... on danse sur sa chaise ! Tu verras tout à l'heure! tu seras contente de moi.

Enfin M. Philamour a consommé sa demi-tasse et plusieurs petits verres ; mais la polka est finie. Zénobie se lève et se promène de nouveau. M. Philamour a passé de la couleur écarlate au violet. Il marche à chaque instant sur les robes des dames qui se trouvent devant lui et qui lui disent :

— Prenez donc garde, monsieur !

Alors il se contente de saluer, en murmurant :

— Vous êtes bien bonne.

Mais l'orchestre se fait entendre de nouveau. Cette fois c'est un quadrille qui s'annonce. Le père et la fille courent se mettre en place dans l'enceinte réservée à la danse, et la foule les suit en répétant :

— Ils vont danser ! ils vont danser !... il faut voir cela...

Un jeune homme à la mise excentrique se met vis-à-vis de Philamour avec une dame qui n'est pas absolument élégante, mais qui en revanche a quelque chose d'une saltimbanque.

Le quadrille est bien vite complet et derrière les danseurs les curieux forment un cercle très-pressé.

C'est au tour du père et de la fille de se lancer dans la chaîne anglaise. Philamour se précipite comme un torrent, malheur à ceux qui se trouvent sur son passage, il cogne, il bouscule tout. Ce début qui promet est déjà fort applaudi par l'assemblée, on rit en criant bravo. Quant à Zénobie, c'est tout le contraire de son père : la pyramide de fleurs qu'elle a sur la tête la gêne beaucoup et c'est à peine si elle ose remuer et faire de tout petits pas.

Mais c'est à la seconde figure, où l'on va en avant deux, que l'on attend Philamour ; là il dépasse toutes les espérances ; lorsqu'on voit ce gros père se livrer au cancan le plus effréné, se disloquer le corps, et faire le pas de l'araignée, ce ne sont plus des bravos, ce sont des cris, des *houra* et des éclats de rire à tout rompre qui accueillent cette danse. Philamour, enchanté de l'effet qu'il produit, ne veut pas s'arrêter, même lorsque ce n'est plus à son tour de danser. Il faut que sa fille le retienne par son paletot-veste, en lui disant :

— Mais, papa, arrêtez-vous donc... ce n'est plus à nous, c'est aux autres la figure...

— Oh ! ça m'est égal ! Vois-tu quand je suis en train je ne tiens plus en place.

— Mais, papa, vous gesticulez trop... vous avez l'air d'un possédé !... Qui donc vous a appris à danser comme cela ?

— Qui ? parbleu, c'est ton mari... c'est mon gendre... il m'a montré la danse à la mode... et tu vois l'effet que je produis...

— C'est vrai qu'on rit beaucoup !

— Et tu n'as donc pas vu que le monsieur vis-à-vis de moi, a essayé de m'imiter et qu'il y a renoncé ?

— C'est égal, je n'avais jamais vu danser comme

cela. Prenez garde, papa ; j'ai peur que vous n'attrapiez quelqu'un.

— Ils n'ont qu'à se garer, moi je danse.

Cependant un inspecteur de la danse, un peu scandalisé des pas risqués de M. Philamour, s'est déjà approché de lui avec l'intention de lui recommander une danse plus convenable, mais les jeunes gens qui entourent le quadrille et ont deviné ce que venait faire l'inspecteur, s'empressent d'arriver à lui, et de lui dire :

— Ah ! laissez-le danser à son aise !... de grâce, ne l'arrêtez pas ; il est si drôle !... vous voyez bien que c'est un bonhomme ; qui fait tout cela sans intention d'attenter aux mœurs... il croit bien danser... ne nous privez pas de ce spectacle, nous n'avons pas cela tous les jours.

L'inspecteur s'est laissé convaincre et ne dit rien à Philamour. Celui-ci, qui voit tous les regards braqués sur lui, qui entend à ses oreilles des jeunes gens lui crier : — Bravo, monsieur !... Continuez ! à vous la pomme pour la danse !... C'est admirable ! se sent plein d'une nouvelle ardeur et cherche dans sa tête quel pas il n'a pas encore exécuté. Lorsqu'arrive le moment où l'on fait le cavalier seul, Philamour n'a rien trouvé de mieux que de jeter ses jambes en l'air le plus haut possible, en les envoyant au hasard à droite et à gauche.

Mais en se livrant à cet exercice, il attrape avec son pied le ventre d'un monsieur qui faisait cercle, lui casse le verre de sa montre et l'envoie rouler sur ses voisins. Le monsieur crie comme un âne, en disant qu'il est blessé, qu'il a du verre cassé plein son pantalon. Cet incident met fin à la danse. Cette fois l'inspecteur ne se laisse pas attendrir ; il arrête Philamour, en lui disant :

— J'aurais dû vous retenir plus tôt. Je me doutais bien que cela finirait comme cela.

— Qu'est-ce que j'ai donc fait? dit Philamour. Vous m'arrêtez parce que je me livre aux danses à la mode.

— Je vous arrête parce que vous *chahutez*, ce qui est défendu ici ; ensuite parce que vous avez blessé un monsieur, en lui envoyant votre pied dans le ventre.

— Ce n'était pas mon intention ; pourquoi son ventre s'est-il trouvé là !

— Grâce à vous ce monsieur est plein de verre.

— Si ce monsieur a des vers ce n'est pas moi qui les lui ai donnés !

— Vous faites semblant de ne pas comprendre; mais vous allez venir au poste avec lui.

— Au poste... comment vous me conduisez au poste... parce que je danse bien?

— Parce que vous dansez des danses défendues.

— Sapristi! Je n'ai pas de chance avec ce que mon gendre m'enseigne!

Pendant que l'on emmène au poste Philamour, accompagné du monsieur dont il a brisé la montre, Zénobie éplorée reste au milieu du bal, demandant à tout le monde ce que l'on veut faire de son père, et ne sachant elle-même que devenir. Un jeune gandin a pitié de son embarras; il lui offre son bras et une voiture pour la ramener chez elle. La jeune femme accepte, en s'écriant :

— C'est pourtant mon mari qui est cause de tout cela.

XIII

COMMENT CELA SE JOUE

La Bergerie n'a pas manqué de retourner chez madame Verdoyant, le lendemain de sa première visite.

Olympe l'attendait : elle s'était faite, non pas belle, parce que cela lui était impossible, mais elle avait une toilette extrêmement recherchée : elle avait mis ce qu'on lui avait dit être le plus à la mode ; elle s'était fait coiffer et recoiffer plusieurs fois ; comme la mode était aux chignons, elle en avait un sur lequel un enfant aurait pu se tenir à cheval. Ainsi attifée, cette dame, qui était bien loin de se croire laide, parce qu'on ne se rend jamais justice à soi-même, se flattait de faire la conquête de ce monsieur, dont on lui avait dit tant de bien.

La Bergerie se présente avec cett aisance qui lui est habituelle, et comme ce n'est plus sa première visite, il est moins cérémonieux que la première fois. A la manière dont il est accueilli par la riche veuve, il s'aperçoit que madame Potin a parfaitement rempli ses intentions et gagné son argent.

Madame Verdoyant s'empresse de le faire asseoir à côté d'elle, sur une causeuse. Elle lui sourit de la façon la plus aimable, en disant :

— Vous ne m'avez pas oubliée? c'est bien, cela.

— Vous oublier, madame, vous ne pouviez pas le craindre...

— Pourquoi donc! vous devez avoir tant d'occupations, tant de connaissances... et moi, vous me connaissez à peine!...

— Il suffit de vous avoir vue une fois, madame, pour éprouver le désir de vous revoir encore!

— Ah! ceci est de la galanterie... de ces phrases que les hommes disent à toutes les femmes...

— Moi, madame, je vous certifie que je ne suis pas galant... Je ne sais dire que ce que je pense ; cela m'a même souvent nui dans le monde, où la franchise est presque un défaut!

— Vous croyez?

— Madame, je me suis occupé de l'emploi de vos fonds...

— Mes fonds !... Ah! mon Dieu, je n'y pensais plus !

— Le placement qui me semble le plus sûr, le meilleur, c'est à mon avis les obligations du Crédit foncier.

— Ah! vraiment... avez-vous été au théâtre hier?

— Non, madame, j'y vais peu. Quand je vais au spectacle, je veux être aux premières places, sans quoi je ne m'y plais pas ; et les premières places sont chères... surtout pour un pauvre agent de change marron ; et puis hier j'étais trop préoccupé, le spectacle ne m'aurait pas amusé. Je vous disais donc que les obligations du Crédit foncier donnent droit à des lots et il y a quatre tirages par an...

— Ah ! vous étiez préoccupé hier... et qu'est-ce donc qui causait votre préoccupation...

— Madame... de grâce dispensez-moi... en vérité je n'oserais pas vous le dire... Il y a donc quatre tirages par an et des lots pour les obligations...

— Ah ! laissons là le Crédit foncier... Je suis très-curieuse; je veux savoir ce qui vous préoccupait tant hier, et surtout pourquoi vous n'osez pas me le dire.

— Madame, vous m'embarrassez beaucoup ! Je ne suis cependant pas timide... J'aime à aller droit au but ; mais il y a de ces aveux que l'on ne saurait faire... surtout lorsqu'ils peuvent offenser celle à qu[i] on les adresse.

— Mon Dieu, comme vous devenez mystérieux... Vous craignez de m'offenser... Je vous fais donc bi[en] peur... vous me croyez donc bien sévère...

— Vous ! me faire peur... Ah ! bien loin de là... C'est un autre sentiment que vous imposez... mais [je] m'égare... Madame, il y a un tirage tous les tr[ois] mois, et de fort beaux lots à gagner...

— Ah ! je vous en prie... ne changez pas la conv[er]sation !... Je veux que vous me disiez ce qui vous p[ré]occupait tant hier soir... Je le veux, entendez-vous !...

— Madame, puisque vous l'ordonnez... mais v[ous] allez me chasser de votre présence !...

— Enfant ! Ah ! ne craignez pas cela ! parl[ez] donc...

— Eh bien, madame, c'était vous !...

— Moi...

— Oui, vous... je ne vous connaissais que depu[is] quelques heures, et déjà votre image ne sortait p[as] de ma pensée... Ah ! vous avez voulu que je parle... eh bien, je parlerai maintenant... au risque d'excit[er] votre colère... Il y a, il me semble, une secrète sympathie qui nous entraîne sur-le-champ vers l'obj[et] auquel nous voulons vouer notre vie... Croyez-vo[us] à la sympathie, madame?

—Si j'y crois... Oh! oui, oh! oui... car moi-même je l'éprouve aussi... Continuez donc...

— Cette sympathie, madame, je l'ai ressentie en me trouvant près de vous, en vous entendant parler, en vous regardant... C'est bien hardi, n'est-ce pas?

— Oh! non... allez toujours...

— Je me suis dit : Voilà la femme de mes rêves, mon idéal, celle près de qui l'existence serait une suite non interrompue de jouissances... de plaisirs... de voluptés...

— Oh! allez toujours... ne vous arrêtez pas!...

— Eh bien, vous avez voulu le savoir, ce secret que je voulais renfermer au fond de mon âme. Je vous aime, madame, et j'ose vous le dire... Ah! je suis un insensé, un malheureux... bannissez-moi de votre présence, mais cela ne m'empêchera pas de vous aimer!

Bien loin de bannir La Bergerie de sa présence, la sensible Olympe lui tend une main qui presse la sienne, elle pousse coup sur coup plusieurs soupirs, pendant qu'il s'occupe naturellement à baiser cette main qu'on lui abandonne et qu'il finit par placer sur son cœur, parce que cela lui semble moins désagréable que d'avoir toujours ses lèvres dessus. Puis la riche veuve murmure:

— Ah! si je pouvais vous croire... si en effet vous

éprouviez pour moi un sentiment vrai, durable...

— Ah! madame, vous en doutez! que faudrait-il faire pour vous persuader... parlez! l'eau, le feu, le fer... j'affronterai tout! Que ne sommes-nous encore au temps où les preux chevaliers combattaient pour leurs belles!... avec quelle joie je me serais précipité dans l'arène en portant vos couleurs!

— Oui, ce devait être un bien beau temps pour l'amour et la galanterie!... Mais nous n'en sommes plus là... Monsieur de Senneterre, on m'a dit infiniment de bien de vous.

— Je ne le mérite pas, madame, j'ai une foule de défauts; je suis emporté... jaloux... oh! jaloux à l'excès.

— Cela ne me déplaît pas; la jalousie est une preuve d'amour. J'avais un mari qui était là-dessus d'une indifférence choquante! mais il ne comprenait pas les tendres sentiments.

— Ah! que vous étiez mal assortis alors! car vous les comprenez, vous, madame, oh! vous comprenez les passions, je lis cela dans vos yeux!...

— Ah! ne me regardez pas ainsi... vos regards me pénètrent... je suis toute bouleversée...

— Alors je vais vous reparler du Crédit foncier...

— Oh! non! oh! non!...

— Mais cependant vos fonds...

— Je vais vous les remettre, vous en ferez ce que vous voudrez...

— Une telle marque de confiance... Vous me connaissez à peine...

— Si, je vous connais déjà beaucoup... car ainsi que vous... la sympathie agit sur moi...

— Il se pourrait... Ah ! madame !... vous me faites entrevoir le paradis !

— Je veux vous laisser entrevoir bien autre chose... Je suis veuve, libre, riche !...

— Oh ! oui, beaucoup trop riche, hélas !

— Je ne vois pas que ce soit un malheur... Ma fortune ne m'empêche pas d'aimer.

— Mais elle empêche un pauvre diable d'oser aspirer à faire cesser votre veuvage.

— C'est un tort... J'ai assez de bien pour deux et il me serait doux au contraire d'enrichir, d'offrir une belle fortune à celui que j'aurais choisi... Aussi ce n'est pas de la richesse que je lui demande, non, c'est seulement un cœur franc, bien épris, un cœur qui comprenne le mien, qui partage mes plaisirs, qui ait mes goûts, mes penchants...

— Assez, madame, assez de grâce... Vos paroles me feraient espérer un sort dont je ne suis pas digne... Ah ! je n'ai pas la force de les écouter davantage.

Et La Bergerie, se levant brusquement, se met à marcher dans l'appartement, comme quelqu'un en proie à la plus vive agitation.

— Eh bien, où va-t-il donc? s'écrie Olympe en lui tendant la main qu'il a tenue longtemps sur son cœur. Voulez-vous revenir bien vite vous asseoir près de moi!...

— Vous le voulez, madame.

— Oui, je le veux... et il faut m'obéir. Venez là tout contre moi... A la bonne heure...

— Madame, le Crédit foncier...

— Ah! taisez-vous! ce n'est plus de cela qu'il faut me parler! Vous venez de me dire que vous m'aimiez, croyez-vous donc maintenant que je puisse entendre... écouter autre chose... Ah! je suis si sensible, si nerveuse... Voyons, écoutez-moi bien...

— Je vous écoute autant par le cœur que par les oreilles... Ah! je voudrais vous entendre toujours!...

— C'est gentil ce que vous me dites là... monsieur de Senneterre... J'ai oublié votre petit nom?

— Jules, madame. J'ai aussi un autre nom de famille... J'ai pris celui de Senneterre... pour raisons... politiques... mon père s'étant fait remarquer dans la révolution de juillet.

— Peu m'importe! Jules... J'aimerais mieux Arthur... J'adore le nom d'Arthur, voulez-vous que je vous appelle ainsi?

— Donnez-moi tous les noms que vous voudrez, madame, pourvu que vous m'appeliez souvent, c'est tout ce que je demande...

— Eh bien... Arthur, je ne serais pas éloignée de songer à mettre fin à mon veuvage... bien des prétendants se sont présentés.

— Je le crois, ah! je le crois!... vous avez dû faire bien des malheureux!

— Mais aucun ne m'offrait ce que je veux avant tout... un cœur passionné et qui comprît le mien... quelque chose me dit que vous étiez ce cœur-là... Je ne vous le cache pas, à la première vue, vous avez produit sur moi une impression dont je ne pouvais me rendre compte...

— C'est absolument ce que j'ai éprouvé en vous voyant... toujours la sympathie!

— Maintenant si nos goûts, nos caractères s'accordent... vous aimez la campagne?

— Je l'adore!

— La vie de château ne vous ennuyerait pas!

— Jamais! près de la femme adorée.

— Vous n'avez rien qui vous retienne à Paris?

— Au contraire, je serais enchanté de le quitter.

— Point de liaison intime... à regretter?

— Pas la moindre !

— Ah ! songez que c'est surtout sur ce sujet qu'il faut être franc... A votre âge, il est impossible que vous n'ayez point aimé...

— Aimé ! non ! j'ai eu des liaisons éphémères... j'ai fait des folies, j'en conviens... mais tout cela n'était pas de l'amour.

— Je vous crois, je suis heureuse de vous croire... Eh bien, il faut venir me voir tous les jours, le matin et le soir, je veux étudier un peu votre caractère...

— Cette épreuve sera-t-elle longue ?

— Non... si, comme je le crois, vous êtes l'homme que je rêvais... eh bien... c'est vous qui mettrez fin à mon veuvage....

— Ah ! madame ! Ah ! ravissante Olympe... C'est trop de bonheur pour un mortel... vous seriez à moi !... cette idée me suffoque !... Nous quitterions sur-le-champ Paris ; nous irions dans votre château contracter cette union fortunée...

— Non, mon ami, nous nous marierions à Paris avant de partir...

— Pourquoi donc pas à votre terre ?

— Vous allez comprendre ma raison : j'en suis partie veuve, si je revenais avec un jeune homme, qui ne serait pas encore mon mari, cela ferait jaser; on est si méchant à la campagne ! on n'a que ça faire! mais en y revenant mariée, portant votre nom, cela coupe court à toutes les médisances, à tous les propos; cela vaut infiniment mieux.

— Qu'il soit fait comme vous l'entendez. Mais aussitôt mariés nous partons, n'est-ce pas?... Ah! c'est que l'amour aime le silence, la solitude... Un poëte l'a dit :

On est heureux aux champs; on y fait mieux l'amour.

— Oui, mon ami, oui; nous partirons aussitôt notre mariage accompli. Maintenant, cher Arthur, tenez, prenez ce portefeuille qui renferme soixante mille francs... Faites-en l'usage que vous voudrez...

— Je vous l'ai dit : il me semble que les obligations du Crédit foncier...

— Ah! tout ce qui vous plaira... Mais, de grâce, que je n'entende plus parler de cet argent.

— Vous serez obéie, belle dame; je vous promets qu'il sera fait ainsi que vous le désirez.

— A ce soir, mon ami.

— A ce soir, femme adorée.

La Bergerie met sur son cœur, sur sa poitrine et enfin sur sa bouche la main qu'on lui présente, et sort après avoir fourré le portefeuille dans sa poche.

XIV

RENCONTRE INATTENDUE

Mathilde ne manque pas de retourner chez Camille. Elle lui porte beaucoup d'ouvrage à faire. Mais quand la jeune femme lui dit qu'on lui alloue dix francs de façon pour chaque chemise qu'on l'a chargée de faire, la jolie brune fait une singulière figure et s'écrie :

— Dix francs de façon!... Vous devez donc aussi les broder?

— Mais non, on ne m'a pas parlé de cela.

— Quel est donc le magasin où l'on paye si magnifiquement les ouvrières?

— Je ne sais pas encore pour quel magasin je travaille; c'est un jeune homme qui s'intéresse à moi, qui a pour moi la plus sincère affection et qui m'a trouvé cet ouvrage-là.

Un sourire malin vient effleurer les lèvres de Mathilde, qui le réprime aussitôt, en répondant :

— Ah! alors c'est différent!... Je comprends. C'est égal, je vous engage à conserver cette pratique-là... Vous n'en trouverez pas beaucoup qui payent ainsi la façon d'une chemise. Je n'ose plus maintenant vous dire ce que l'on donne pour celles que je vous apporte à faire, et cependant c'est un prix raisonnable.

— Combien est-ce donc?
— Cinquante sous.
— Cinquante sous!... En effet, la différence est énorme.
— Elles sont toutes taillées. Une ouvrière habile peut en faire deux dans sa journée...
— Alors j'aurai mal entendu ce que m'a dit M. Valmiral... ou c'est lui qui se sera trompé..
— Acceptez-vous l'ouvrage que je vous apporte?
— Si je l'accepte! Mais avec reconnaissance!
— Alors soyez sans crainte sur votre avenir, je vous promets de ne jamais vous laisser manquer d'ouvrage... Car vous resterez à Paris, n'est-ce pas? Vous vous y fixerez...
— Mais... je le crois. Votre obligeance pour moi,

mademoiselle, me fait un devoir de vous dire ce qui m'y a fait venir...

— Oh! madame, je ne vous demande pas vos secrets!... Vous me connaissez depuis trop peu de temps pour que j'aie déjà des droits à votre confiance...

— Mais ce n'est pas un secret, mademoiselle, et il n'y a rien de mystérieux dans tout cela... Il n'y a que des peines!... Je me suis mariée, il y a cinq ans, à Joinville, où je suis née. Mon mari a voulu entreprendre des affaires dans lesquelles il n'a pas réussi. Enfin, pour tâcher de rétablir notre petite fortune, il est parti, il y a dix-sept mois bientôt, pour l'Amérique... sans me prévenir, sans même me dire adieu...

— Oh! c'est mal, cela! Et sa fille, ce petit ange, il est parti sans l'embrasser?

— Mon Dieu, oui; il m'a laissé une lettre dans laquelle il m'annonçait que si, dans six mois, je n'avais pas de ses nouvelles, c'est qu'il aurait cessé d'exister...

— Eh bien... depuis?

— Depuis dix-sept mois je n'ai reçu aucune nouvelle. Il faut donc qu'il soit mort!

— Pauvre femme! Mais les lettres s'égarent quelquefois... les bâtiments peuvent faire naufrage.

— Cette pensée m'a soutenue longtemps... et je serais restée dans ma ville natale, si, il y a un mois environ, un de nos voisins, qui revenait de Paris, ne m'avait assuré... oh, mais positivement assuré, qu'il avait vu ici, à Paris, M. Damfleury... c'est le nom de mon mari.

— Oh, mais, voilà qui change bien les choses!

— Vous comprenez qu'en apprenant cela je fis sur-le-champ mes apprêts de départ, je fis ressource du peu que je possédais et je partis avec ma fille pour Paris.

— J'en aurais fait tout autant que vous! Et depuis que vous êtes ici?

— J'ai demandé dans tous les hôtels, j'ai couru de tous côtés, je n'ai obtenu aucune nouvelle, aucun renseignement sur M. Damfleury... Un jeune homme a sauvé la vie à ma fille au moment où des voitures allaient la renverser...

— Pauvre amour... elle aurait manqué périr!... Ah! vous lui devez plus que la vie à ce jeune homme-là...

— C'est mon ami, Paul Valmiral! dit Marie; il vient nous voir souvent!...

— Oui, mademoiselle, ce jeune homme nous a témoigné le plus tendre intérêt; connaissant parfaitement Paris, il a pu s'informer bien mieux que moi, mais il n'a rien appris sur mon mari. Je voulais repartir, je voulais retourner à Joinville, quoique je n'y aie plus aucun parent. M. Valmiral m'a engagée à rester à Paris, en me promettant de m'y faire avoir de l'ouvrage. Mais ce que vous venez de me dire, touchant le prix de la façon des chemises qu'il m'a chargée de faire, me donne à réfléchir... J'ai peut-être eu tort d'écouter les conseils de ce jeune homme. Cependant il se montre si réservé, si respectueux, que je me fais entièrement à lui!

— Et vous avez eu raison! Mon Dieu, je ne vois aucun mal dans tout cela; vous êtes assez intéressantes, vous et votre chère petite, pour que l'on soit heureux de vous être utile. Lors même que ce jeune homme éprouverait pour vous plus que de l'intérêt, serait-ce une raison pour que vous n'ayez plus confiance en lui?

— Ah! mademoiselle, vous oubliez que je suis mariée!

— C'est que franchement je crois bien que vous ne l'êtes plus. Votre voisin de Joinville aura vu de travers! S'il a en effet rencontré votre mari à Paris, pourquoi ne lui a-t-il pas parlé et demandé ce qu'il y faisait?

— C'était, m'a-t-il dit, dans un spectacle qu'il l'a

aperçu ; il comptait l'aborder à la sortie, mais il ne l'a plus retrouvé.

— Ta! ta! ta! des histoires que tout cela... Ce monsieur a cru reconnaître... Tous les jours il y a des ressemblances qui trompent. Vous n'avez pas de nouvelles de votre mari depuis dix-sept mois, c'est qu'il est mort, bien mort! Donc vous êtes veuve et maîtresse de faire tout ce qui vous fera plaisir. Si vous admettez le contraire, alors c'est donc que ce monsieur Damfleury est un affreux mauvais sujet, qui a abandonné sa femme et son enfant... C'est l'un ou l'autre, choisissez!

Camille garde quelques instants le silence, puis elle murmure :

— Vous avez raison, il vaut mieux penser que je suis veuve!

Mathilde était déjà depuis assez longtemps chez sa nouvelle amie, lorsqu'on frappe doucement à la porte, et Valmiral entre chez madame Damfleury. On l'accueille avec l'empressement ordinaire, Marie court l'embrasser, et après lui avoir serré la main, Camille lui dit :

— Vous allez faire connaissance avec mademoiselle Mathilde, qui est employée dans le magasin de blanc où j'ai acheté, et qui veut bien aussi s'intéresser à moi... Dans ma peine, je suis encore bien heureuse de rencontrer des personnes qui se font un plaisir de me procurer de l'ouvrage.

Valmiral était entré sans faire d'abord attention à la personne étrangère qui était là; il porte alors ses yeux sur Mathilde, et, tout en la regardant, éprouve une assez vive émotion, car il vient de reconnaître en elle cette jolie brune qu'il a vue au restaurant-bouillon et à qui La Bergerie est venu parler, puis qu'il a rejointe à l'Eldorado, où elle lui a donné un si vigoureux soufflet.

Mais Mathilde n'avait pas aperçu le jeune homme au restaurant, elle ne l'avait pas non plus remarqué au café-concert, c'est pourquoi sa vue ne lui cause aucune émotion; et elle lui fait un sourire aimable en lui disant :

— Madame vient de m'apprendre, monsieur, que vous aviez sauvé sa chère petite d'un bien grand danger, et je l'aime déjà tant, cette chère Marie, que je vous demande la permission de vous en témoigner aussi de la reconnaissance.

Valmiral remercie, tout en cherchant à se remettre de l'émotion dont il n'a pas été maître. Mais la jeune lingère, qui est douée d'une grande perspicacité, a remarqué le trouble que le jeune homme a éprouvé en la regardant, et lui dit en souriant :

— Est-ce que vous m'avez déjà vue quelque part, monsieur?

— Pourquoi cela, mademoiselle?

— C'est qu'il m'a semblé qu'en me regardant vous éprouviez comme de la surprise... Mais je me suis peut-être abusée.

— Non, mademoiselle; je me suis rappelé, en effet, vous avoir déjà vue... C'était dans un restaurant-bouillon, sur le boulevard Sébastopol... Vous étiez avec une jeune personne blonde fort gentille.

— Ah! oui; avec Lisa... C'est vrai, il y a un mois de cela à peu près... Et vous me reconnaissez? Je gage que Lisa vous avait donné dans l'œil alors... Elle en vaut bien la peine!

— Non, vous vous trompez, mademoiselle; votre amie m'occupait fort peu; mais je vous ai vue causer avec un monsieur... que je connais beaucoup; voilà pourquoi je vous avais remarquée.

— Ah! vous connaissez ce monsieur qui est venu causer avec nous?... Un bien mauvais sujet, Rodrigue, La Bergerie, il a une foule de noms!... Si vous aviez été aussi ce même soir à l'Eldorado, vous auriez été témoin d'une autre scène!... Mais, mon Dieu, quand je suis ici, je m'y plais tant, que je ne songe plus que l'on a besoin de moi au magasin. Embrasse-moi, Marie, je t'apporterai une poupée la première fois que je viendrai... Au revoir, ma bonne amie... Vous me permettez de vous appeler mon amie, n'est-ce pas?

— Non-seulement je vous le permets, mais je vous en remercie.

— Adieu, monsieur.

Mathilde est partie, elle se hâte de prendre le chemin de son magasin, tout en se disant :

— Je suis fâchée que ce jeune homme soit ami de ce mauvais sujet de Rodrigue... Il a l'air très comme il faut, très-honnête, ce jeune homme... qui paye les chemises dix francs de façon... Je devine bien pourquoi !... Après tout, il peut connaître Rodrigue sans faire comme lui... les jeunes gens se lient si facilement.

Sur le boulevard, la jolie brune voit venir devant elle un gros monsieur qui la regarde avec attention ; ce monsieur l'arrête en lui faisant un profond salut et en disant :

— Enchanté, mademoiselle, du hasard qui me procure le plaisir de vous rencontrer !...

Mathilde regarde cet individu, dont la figure bête lui est inconnue, et répond :

— Monsieur, je crois que vous vous trompez et me prenez pour une autre, car je ne vous connais pas...

— Mais moi, madame, j'ai le plaisir de vous connaître... Vous allez me comprendre tout de suite : je suis Philamour...

— Philamour!... C'est un bien joli nom... mais je n'ai jamais entendu parler de Philamour... Et moi, monsieur, pouvez-vous me dire qui je suis?

— Parfaitement! Vous êtes la sœur de M. Thomassin de Rouen, avec qui nous faisons de grandes affaires, et qui nous doit même une somme assez ronde; je ne sais pas le chiffre, mais mon gendre m'a dit que la somme était importante...

— En vérité, monsieur, je ne comprends pas un mot à tout ce que vous me contez là... D'abord, je n'ai jamais eu de frère, et je ne connais pas de Thomassin; vous voyez bien que vous faites erreur...

— Mais, madame, je suis cependant bien certain de ne point me tromper. C'est bien à vous que mon gendre La Bergerie a été parler dans un restaurant-bouillon..., où vous étiez avec une très-jeune personne...

— La Bergerie?... Vous venez de parler de La Bergerie...

— Oui, madame, ah! vous y êtes maintenant!...

— Vous connaissez ce La Bergerie, monsieur?

— Si je le connais!... c'est mon gendre.

— Votre gendre! comment, il est marié, ce chenapan!...

— Chenapan!... madame, le mot me paraît leste...

— Oh! il en mérite bien d'autres, monsieur.

— Cela ne m'empêche pas, comme associé de la maison Philamour et La Bergerie, de vous demander si votre frère Thomassin est de retour à Paris.

— Et moi, monsieur, je vous répète que je n'ai jamais eu de frère, que je ne connais aucun Thomassin... Je devine que La Bergerie vous aura fait d'infâmes mensonges et cela ne m'étonne pas du tout... Ah! il est marié... Je plains sa pauvre femme!...

— C'est ma fille, madame.

— Raison de plus pour que je la plaigne. Voyons, monsieur, expliquons-nous mieux... Vous m'avez vue dans un restaurant-bouillon?

— Oui, madame...

— D'abord, je ne suis pas madame, je suis mademoiselle. Après?

— C'était sur le boulevard Sébastopol... Vous étiez dans le grand salon, avec une jeune blondinette...

— Avec Lisa.

— J'ignore si elle s'appelait Lisa...

— Allez toujours, ça ne fait rien.

— J'y dînais avec mon gendre La Bergerie, qui tout à coup me dit en vous apercevant :

« — Voilà la sœur de Thomassin, de Rouen, à qui j'ai vendu des planches... il nous doit de l'argent et je ne le vois plus; je vais aller demander de ses nouvelles à sa sœur. »

— Ah! le gredin!... Comme il s'est moqué de vous... Rodrigue me faisait la cour, monsieur.

— Qu'est-ce que c'est que Rodrigue?

— C'est La Bergerie... c'est votre gendre... Il est venu me donner un rendez-vous, il m'a envoyée à l'Eldorado en me disant qu'il était avec un vieil imbécile de provincial dont il allait se débarrasser.

— Il vous a dit : vieil imbécile?...

— Tout comme je vous le dis, monsieur. Je me suis rendue à l'Eldorado avec mon amie... C'est là que j'ai entendu des femmes appeler votre gendre La Bergerie. Je ne le connaissais que sous le nom de Rodrigue. Ensuite ce monsieur s'étant permis de pincer le derrière à Lisa, je lui ai appliqué un soufflet qui a interrompu les chanteurs, et je suis partie en lui défendant de jamais m'adresser la parole. Voilà, monsieur, ce que c'est que votre gendre...

— Et il m'a appelé vieil imbécile?

— Oui, oui, cent fois oui!

— C'est à ne pas le croire!

— Oh! pardonnez-moi... de la part de Rodrigue... je veux dire La Bergerie, vous pouvez vous attendre à tout. Et il est marié avec votre fille... bien marié?.. vous en êtes certain, monsieur?

— Pardieu, madame, j'étais à la mairie et à l'église.

— Tant pis pour votre fille, monsieur, ce mari-là ne doit pas la rendre bien heureuse. Elle est jeune et gentille, peut-être?

— Oui, mademoiselle, elle se nomme Zénobie, elle n'a pas encore vingt ans, je lui ai donné quarante mille francs de dot, et j'ai mis La Bergerie à la tête de ma maison de planches.

— Vous avez fait là une fameuse bêtise!... Mais voilà le magasin dans lequel je suis employée, adieu, monsieur; quand vous verrez votre gendre, dites-lui que vous avez causé avec Mathilde Derbois, il devinera ce que j'ai pu vous dire.

Philamour est resté stupéfait sur le Boulevard, abasourdi par tout ce qu'il vient d'apprendre, ne pouvant comprendre que, marié à sa fille Zénobie, La Bergerie aille pincer des dames dans les cafés-concerts.

Tout ce que son gendre lui a conseillé a mal tourné. La danse qu'il a exécutée au bal Mabille lui a fait passer une nuit au corps de garde et recevoir une mercuriale de l'inspecteur de police. Les planches que La Bergerie prétend faire venir de Norwége restent toujours en route. Mais ce qui surtout irrite le beau-père, ce qu'il ne peut supporter, c'est que son gendre lui ait donné l'épithète de vieil imbécile.

XV

AU BOIS DE BOULOGNE

Une quinzaine de jours se sont écoulés depuis que le hasard a amené ces rencontres singulières. Par une belle journée de printemps, Mathilde, qui profite de tous les instants qu'elle a de libres pour aller chez Camille, et qui la trouve toujours travaillant avec ardeur, lui dit en lui montrant la petite Marie :

— Ma bonne amie, vous travaillez sans relâche pour que rien ne manque à votre chère enfant. C'est fort bien de vouloir gagner de l'argent, mais cependant il ne faut pas se tuer, perdre sa santé sur son ouvrage. Vous sortez un moment le soir ; mais ce n'est pas là jouir d'un air pur et prendre vraiment du repos. Vous n'allez jamais voir les environs de Paris, le bois de Boulogne, le bois de Vincennes, le parc de Saint-Cloud, et cependant, tout en vous faisant du bien, à vous, cela procurerait un grand plaisir à votre petite Marie, qui pourrait un peu courir, jouer sur le gazon, ce qui est impossible sur les boulevards. Avec un omnibus nous pouvons arriver tout près du bois de Boulogne, la dépense serait donc fort modique. Voyons, prenons jour et faisons la partie d'aller passer une journée par là... Nous partirons à trois heures de l'après-midi ; ce ne sera donc qu'une demi-journée de perdue, mais elle sera bien employée, si elle fait du bien à Marie, si elle fait revenir un peu de couleur sur votre jolie figure qui est toujours si pâle.

— Oh! oui, maman, allons voir le bois de Boulogne, s'écrie Marie, nous nous amuserons bien ! et Mathilde a raison, tu travailles trop, tu te rendras malade, tu sais bien que mon ami Paul te l'a dit aussi hier !

— Oui, dit Camille ; mais lorsqu'une fois, devant lui, j'ai témoigné le désir de voir le bois de Boulogne, il m'a conseillé de ne point diriger ma promenade de ce côté. Il assure qu'il y a trop de monde, que c'est dangereux à cause des voitures, des gens à cheval...

— Dangereux !... pas du tout ; les piétons ne vont pas dans les chemins où passent les équipages et les cavaliers ! Monsieur Valmiral n'aime probablement pas le bois de Boulogne ; voilà pourquoi il vous a dit cela. Moi, je suis sûre que vous y prendrez du plaisir. C'est le rendez-vous des belles voitures, du beau monde, des riches toilettes. Eh bien ! cela distrait de voir tout cela...

— Oh ! oui, maman, je veux voir les belles toilettes, moi.

— Voyez-vous cette petite coquette qui s'occupe déjà de parures !... Eh ! bien, Mathilde, j'y consens; nous irons au bois de Boulogne.

— Ah ! voilà qui est parler... Prenons jour tout de suite... le temps est superbe... n'attendons pas qu'il change : demain, voulez-vous?

— Demain, soit.

— Je viendrai vous prendre à trois heures précises... Vous serez prêtes ?

— Je vous le promets.

Mathilde est partie et la petite fille saute de joie dans la chambre en s'écriant :

— Quel bonheur! nous irons demain au bois de Boulogne... maman, si notre ami Paul vient aujourd'hui, est-ce que tu ne lui diras pas de venir avec nous au bois de Boulogne?

— Non, ma fille, il ne faut pas être indiscret ; d'ailleurs, tu vois bien qu'il n'aime pas cette promenade-là, et, comme dit Mathilde, c'est pour cela qu'il nous conseillait de n'y pas aller.

Camille a une autre raison pour ne point engager le jeune Valmiral à les accompagner : quand elle lui a demandé des explications au sujet du prix qu'il prétendait payer les chemises qu'il lui avait données à faire, il est devenu si rouge, si embarrassé, qu'elle lui a tendu la main en lui disant :

— Je devine tout, je comprends votre délicatesse... vous vouliez m'obliger sans me le dire... mais vous le voyez, grâce au ciel, me voilà pour longtemps pourvue d'ouvrage ; désormais je veux que vous agissiez franchement avec moi.

— Non, vous ne devinez pas tout ! a répondu le jeune homme en baissant les yeux et poussant un gros soupir.

Camille n'a pas voulu en entendre davantage, mais il est bien probable qu'elle avait deviné que Valmiral l'aimait. Il y a de ces choses que les femmes devinent toujours, de ces aveux qui n'ont pas besoin d'être dits pour être sus.

Un temps magnifique favorise la partie projetée. A l'heure convenue, Mathilde est exacte ; elle vient chercher la jeune mère et sa fille. Celles-ci sont prêtes ; Camille a fait une toilette bien simple ; mais sa figure distinguée, son air mélancolique, sa pâleur même, donnent à toute sa personne un charme indéfinissable. La petite Marie, fraîche, rose et rieuse comme on doit l'être à son âge, se livre à la joie la plus vive, et goûte ce plaisir déjà si doux, et souvent le meilleur : celui qu'on se promet.

On monte en omnibus, on se rend à la Madeleine, on change de voiture et l'on arrive enfin à la porte du bois de Boulogne. Alors seulement on va se livrer au plaisir de la promenade ; on va connaître ce bois si renommé pour son lac, ses cascades, ses belles allées, ces verts gazons, et surtout pour la société élégante qui va presque chaque jour s'y montrer.

Camille admire les équipages, les toilettes des dames, la bonne tournure des cavaliers. La petite Marie pousse des cris de joie à chaque chose nouvelle qu'elle aperçoit, et Mathilde leur dit :

— Eh ! bien, êtes-vous fâchées d'être venues ici ? Est-ce que cette promenade ne vaut pas mieux que la place Royale et tous les squares possibles ? Et puis, si l'on ne veut pas toujours être avec le monde, il y a des sentiers écartés, des allées solitaires, où l'on peut se promener longtemps, où l'on n'entend plus le bruit des voitures ni celui de la foule.

— Oui, dit Camille, cette promenade est charmante ; je ne comprends pas pourquoi monsieur Valmiral cherchait à m'en détourner. Et s'il est agréable de s'y promener en voiture, franchement c'est aussi fort amusant pour les piétons de regarder tout ce beau monde et de faire connaissance avec les parures à la mode.

Mathilde, qui connaît parfaitement son bois de Boulogne, sert de guide à la compagnie. Elle lui fait faire le tour du lac, la conduit jusqu'à l'arène réservée pour les courses, la fait passer par quelques allées bien solitaires, puis la ramène devant la cascade, où il y a des chaises et un grand nombre de personnes assises. Beaucoup de belles dames sont descendues de leurs équipages, et veulent se promener quelques instants à pied, pour mieux se faire voir. Les voitures attendent un peu plus loin.

Camille avoue qu'elle est fatiguée.

— Eh ! bien, asseyons-nous ici, dit Mathilde, nous ferons d'autant mieux de bien nous reposer, que nous aurons encore un assez long chemin à faire pour regagner un omnibus, et puis, c'est amusant de s'asseoir ici, on voit de plus près toutes ces belles toilettes ; on distingue mieux les figures, et il y en a quelquefois de bien originales ! Car parmi ces dames qui viennent ici en équipage, il en est beaucoup qui ne savent pas porter leurs plumes et leurs cachemires.

On se place sur des chaises, un peu à l'écart; on y était depuis quelque temps et Camille s'amusait des remarques piquantes et toujours comiques que faisait Mathilde, en examinant les groupes qui passaient, lorsque tout à coup la jeune femme pâlit, devient tremblante : un couple qu'elle n'avait pas vu s'approcher, va passer devant elle. La dame, qui n'est ni jeune ni belle, est mise avec une excentricité presque ridicule, et dans le cavalier élégant qui lui donne le bras, Camille a reconnu son mari.

Muette de surprise, ne pouvant en croire ses yeux, la jeune mère balbutie :

— Mon Dieu !... Mais c'est lui... Oh! je ne me trompe pas...

— Tiens, vous connaissez ce monsieur-là? dit Mathilde qui vient d'envisager La Bergerie; eh! bien, moi aussi je le connais... C'est un bien mauvais sujet !...

— Mais c'est mon mari! s'écrie Camille, qui fait un mouvement pour se lever, et retombe sur sa chaise sans force et presque sans voix.

— Votre mari! dit Mathilde! Cet homme serait votre mari? pas possible... vous vous trompez...

Cependant, en passant devant Mathilde, La Bergerie

l'avait reconnue et il avait pressé le pas, sans faire attention aux personnes qui étaient avec la jolie brune. Camille qui voit qu'il s'éloigne avec sa dame au bras, pousse vivement sa fille sur le chemin, et lui montrant Damfleury, lui dit :

— C'est ton père, ce monsieur-là, cours, ma fille, cours... arrête-le et dis-lui que je suis ici...

— Ce monsieur là-bas...

— Mais oui... de plus près tu le reconnaîtras bien... va... cours... appelle ton père.

La petite Marie est partie. Mathilde regardait toujours Camille, elle ne pouvait croire ce qu'elle entendait, et se bornait à murmurer :

— Votre mari?... ce serait là votre mari?... Oh ! ce serait trop fort !...

Comme La Bergerie ne pouvait pas faire avancer l'énorme Olympe aussi vite qu'il l'aurait voulu, en se dirigeant vers la calèche qui les attendait, la petite fille l'a bientôt rejoint ; elle le tire par son habit, en criant :

— Papa ! papa !... ne va donc pas si vite... maman est là... ah ! oui... je le reconnais à présent... tu es bien mon papa !..

— Qu'est-ce que c'est? que veut cette petite... que vous demande-t-elle? dit madame Verdoyant en faisant des yeux de chouette à l'enfant.

Mais La Bergerie, qui a été un moment stupéfait à la vue de sa fille, reprend bien vite son assurance et répond, en tâchant de rire :

— Je ne sais pas... je n'y comprends rien... C'est une méprise... ou une plaisanterie... Allez, petite... allez-vous-en... laissez-moi...

— Comment, papa, tu ne me reconnais pas? Mais je suis ta petite Marie... embrasse-moi donc... et viens rejoindre maman...

— Qu'est-ce à dire? elle vous appelle papa... elle vous dit d'aller retrouver sa mère...

— Continuation de la plaisanterie... Je vous jure que je ne connais pas cet enfant... Mais voilà notre calèche... montez, belle dame... hâtons-nous... le temps se gâte...

— Papa... mais ne t'en va donc pas... Maman t'attend là-bas...

— Éloignez-vous, petite... encore une fois je ne vous connais pas!... Allez-vous-en donc, ou vous allez vous faire écraser par les chevaux...

Mais la petite Marie voulait toujours retenir son père, qui montait dans la calèche ; elle s'exposait en effet à être atteinte par les roues de la voiture. Heureusement Mathilde était là : voyant l'enfant disparaître sans que La Bergerie daignât s'arrêter, elle avait vivement quitté Camille, qui ne pouvait plus parler, mais de la main lui montrait au loin sa fille ; elle prend vivement le bras de Marie, l'éloigne des roues qui allaient l'atteindre tout en disant à La Bergerie :

— Misérable ! lâche ! après avoir abandonné la mère, il ne vous manque plus que de passer sur le corps de votre fille... mais vous avez beau vous sauver... nous vous retrouverons !...

— Que dit cette femme... que veut cette femme ? s'écrie Olympe aux abois, tandis que La Bergerie presse le cocher de fouetter ses chevaux ; mais celui-ci, curieux comme tous les domestiques et prévoyant qu'une scène intéressante va se passer, tout en arrangeant ses rênes, trouvait moyen de ne pas en finir.

— Eh ! mon Dieu, belle dame ! cette femme a probablement perdu la raison ! répond le beau monsieur d'un air irrité, je ne la connais pas...

— Oh ! que si... tu me connais bien ! s'écria Mathilde, et tu sais bien que c'est ta fille qui tend en vain ses petits bras vers toi !

— Ma bonne, je vous répète qu'on ne peut rien vous faire... Eh bien, cocher ; partirez-vous enfin !...

Cette fois le cocher se voit forcé d'obéir : il fouette ses chevaux et la calèche s'éloigne emportant madame Verdoyant et La Bergerie. Alors Mathilde se décide à retourner vers Camille avec la petite Marie, qui pleure, en disant :

— Pourquoi donc papa n'a-t-il pas voulu me reconnaître? je n'ai pourtant pas été méchanté!

XVI

MATHILDE AGIT

— Vous revenez seule... il n'est pas avec vous ? balbutie Camille, lorsque Mathilde lui ramène sa fille.

— Non, papa n'a pas voulu m'écouter, dit Marie, ce n'est pas ma faute, maman... Je lui ai pourtant bien répété que tu étais là... que tu l'attendais... il m'a repoussée, en me disant : Allez-vous-en, je ne vous connais pas...

— Il ne te connaît pas... ah! depuis son départ tu n'es pas changée à devenir méconnaissable, et d'ailleurs est-ce qu'un père ne doit pas toujours reconnaître son enfant !... Ah ! pourquoi n'ai-je pas eu la force de me traîner jusqu'à lui... mais sa vue m'a brisée... Et cette femme qui est avec lui... cette riche calèche dans laquelle ils sont montés tous les deux... qu'est-ce que cela veut dire?... Mathilde, vous lui avez parlé, vous, que vous a-t-il répondu... Quand viendra-t-il me retrouver... devons-nous l'attendre ici?

— Non, il ne faut pas l'attendre... il ne viendra pas...

— Il ne viendra pas... et il sait que sa femme, que sa fille sont là... qu'est-ce que cela signifie... Ah! parlez, je vous en conjure.

— Ma bonne amie, ce lieu n'est pas convenable pour tout ce que j'ai à vous dire... Vous êtes bien pâle, vous souffrez... il nous faut trouver une voiture qui nous ramène chez vous, car il vous serait impossible d'aller à pied jusqu'aux omnibus...

— En effet... je me sens bien faible...

— Restez là avec votre fille... Je sais où je pourrai trouver une voiture, je l'amènerai ici... mais ne bougez pas de là.

Cette recommandation était inutile, Camille était comme anéantie, elle ne pouvait plus que presser sa fille dans ses bras, en murmurant :

— Il ne t'a pas embrassée... il n'a pas voulu te reconnaître... pauvre enfant... tu n'as donc plus de père!... et moi... oh, sans doute qu'il me repoussera aussi ; je n'ai plus de mari ! qu'avons-nous donc fait pour être traitées ainsi !...

Mathilde ne tarde pas à revenir avec un fiacre. On monte dedans et l'on quitte le bois de Boulogne avec autant de tristesse au cœur, que l'on avait ressenti de joie en y arrivant; c'est trop souvent ainsi que se terminent les parties de plaisir.

Pendant la route Camille essaye plusieurs fois de faire parler Mathilde, mais celle-ci se borne à lui répondre :

— Pas ici... pas devant votre fille... il ne faut pas que cette enfant entende ce que j'ai à vous dire de son père.

Enfin on est arrivé. La petite Marie qui est très-fatiguée de sa journée ne demande pas mieux que de se coucher. Une fois l'enfant endormie, Camille dit à son amie :

— Vous pouvez parler maintenant.

— Oui, mais ce que j'ai à vous apprendre est tellement infâme, que, malgré moi, j'hésite encore ; je me demande si je dois vous avouer toute la vérité !...

— Oui, vous le devez, je vous en prie, Mathilde, je veux tout savoir... Vous m'avez dit quand je vous ai montré mon mari : Moi aussi je connais cet homme-là, c'est un bien mauvais sujet... puisque vous connaissez mon mari, pourquoi ne pas me l'avoir dit plus tôt?

— Est-ce que je pouvais me douter que votre monsieur Damfleury était ce même La Bergerie, ce même Rodrigue que je connaissais si bien...

— Rodrigue? La Bergerie?

— Voilà les noms qu'il se donne et peut-être bien d'autres encore... Il a un nom pour tous les quartiers où il va loger...

— Il serait possible!...

— Oh! vous allez en apprendre bien d'autres!... mais avant que je vous dise tout, voyons, de grâce, répondez-moi franchement. Est-ce que vous avez encore de l'amour pour cet homme qui vous a abandonnée, qui vous a ruinée, qui a repoussé son enfant qui lui tendait les bras! qui, depuis dix-sept mois, vit ici au sein des plaisirs, du luxe, de l'opulence et ne s'inquiète nullement si sa femme et sa fille meurent de faim et de misère! Oh! non! non! n'est-ce pas que vous ne pouvez plus aimer cet homme-là!...

— Non, Mathilde; je mentirais si je vous disais que j'éprouve encore de l'amour pour M. Damfleury; depuis longtemps sa froideur, ses procédés avec moi avaient banni de mon cœur cet amour que jeune fille j'avais éprouvé pour lui. Mais il est mon époux, il est le père de mon enfant, voilà ce que je ne puis oublier.

— Et voilà ce qu'il a entièrement oublié, lui ! mais je puis parler... du moment qu'il n'y a plus d'amour on peut tout supporter !... Savez-vous ce qu'il est venu faire à Paris, votre mari?

— S'amuser, faire la cour à d'autres femmes, sans doute.

— Oh ! si ce n'était que cela !... il est venu... eh bien, il est venu se marier...

— Se marier... Je ne comprends pas... puisqu'il est marié avec moi...

— Voilà justement où est la faute... que dis-je la faute ! ah ! c'est un crime ! car la loi le punit sévèrement...

— Comment? quoique marié avec moi, il a pu se marier avec une autre... Mais je ne suis donc plus sa femme alors !

— Si... oh ! malheureusement vous êtes toujours sa femme ; sa vraie ; la seule que la loi reconnaisse comme telle, parce que vous êtes la première...

— Mon Dieu, je ne puis vous croire. Marié avec une autre... mais alors ce n'est donc pas sous son vrai nom?

— Si ce n'est pas sous son vrai nom, le mariage

est nul. Cependant pour se marier réellement il faut fournir ses papiers, son acte de naissance...

— Son nom, c'est Jules Damfleury.

— Il est bien capable d'avoir donné ses vrais noms... seulement, depuis, il se sera fait appeler La Bergerie pour dérouter les personnes qui auraient entendu parler de M. Damfleury...

— Et qui donc a-t-il épousé... ce serait cette femme avec qui nous l'avons rencontré?

— Non, ce vilain colosse-là doit être une nouvelle conquête qu'il ne courtise que pour sa calèche et ses écus...

— Ah! Mathilde, mais c'est affreux ce que vous me dites là!

— Ma chère amie, je tiens à vous faire connaître votre mari tel qu'il est, parce que je le connais beaucoup mieux que vous. Celle qu'il a épousée n'a pas encore vingt ans, elle se nomme Zénobie, elle a en quarante mille francs de dot, c'est la fille d'un vieux crétin nommé Philamour, un marchand de planches, qui a associé son gendre à son commerce; c'est de cette même ganache de Philamour que je tiens tous ces détails; La Bergerie lui avait fait accroire que j'étais la sœur d'un de ses débiteurs nommé Thomassin...

— En vérité tout cela me semble tellement confus que je m'y perds! mais ce M. Philamour qui vous a donné tant de détails sur son gendre, n'a-t-il pas pu se tromper... ce La Bergerie dont il vous parlait, est-ce bien réellement le même que mon mari dont le nom est Damfleury? lui avez-vous demandé s'il avait un autre nom...

Mathilde n'en savait pas plus et Camille doutait encore lorsque Valmiral entre chez elle. En voyant l'émotion, l'agitation à laquelle la jeune femme est en proie, il se doute qu'il y a quelque chose de nouveau et lui dit :

— Que vous est-il arrivé?... Qu'avez-vous appris de neuf... vous êtes toutes deux émues... troublées...

— Ah! mon ami, il y a bien de quoi! s'écrie Camille. Nous avons été tantôt promener au bois de Boulogne... et j'y ai vu mon mari, donnant le bras à une femme... il a repoussé sa fille... il n'a pas voulu la reconnaître... et Mathilde s'est écriée : Je le connais aussi, votre mari, qui se fait appeler La Bergerie... et il est...

Valmiral interrompt Camille en disant :

— Et il est marié à une autre femme... Il a épousé la fille d'un marchand de planches nommé Philamour, qui l'a associé à son commerce et qu'il est en train de ruiner...

— Mon Dieu!... vous saviez cela? s'écria Camille; mais c'est donc bien vrai alors?

— Oui, madame, rien n'est plus vrai ; je savais tout cela depuis longtemps... mais j'avoue que je ne me sentais pas le courage de vous le dire... Au portrait que vous m'aviez fait de monsieur Damfleury, je m'étais dit sur-le-champ : Cela ressemble d'une façon surprenante au gendre de monsieur Philamour; je connais depuis longtemps cet honnête négociant, qui malheureusement n'a pas autant d'intelligence que de probité, et un jour je me décidai à lui demander si son gendre ne portait pas un autre nom que celui de La Bergerie :

« — Oui, me dit-il, son véritable nom est Damfleury, mais il se fait appeler La Bergerie parce que c'est plus gentil, plus distingué et presque noble.

« Vous comprenez que j'eus alors la triste certitude que votre mari, au mépris des liens qui l'unissaient à vous, avait contracté ici un nouvel hymen!... Je pouvais dès lors vous apprendre toute la vérité... Je me bornai à vous dire : qu'il vous fallait renoncer à l'espoir de retrouver votre mari... que vous pouviez vous regarder comme veuve... Mais ce secret me pesait, et aujourd'hui il me semble qu'il vaut mieux que vous sachiez tout. Comprenez-vous maintenant pourquoi je vous conseillais de ne point aller vous promener au bois de Boulogne, je prévoyais quelle rencontre vous pourriez y faire.

— Comment! vous connaissiez aussi ce mauvais sujet de Rodrigue? dit Mathilde.

— Oui, mademoiselle, et je savais également qu'il était connu de vous, car j'étais à l'Eldorado le soir où... vous l'y avez rencontré.

Mathilde rougit et baisse les yeux.

Valmiral s'empresse d'ajouter :

— Et où il causait avec plusieurs de ces dames du demi-monde. Mais maintenant qu'il sait que sa première femme est à Paris avec son enfant, il me semble qu'il est impossible qu'il ose y rester aussi. Et vous dites qu'il a repoussé sa petite Marie?

— Oh! repoussée avec une audace indigne... « Je ne vous connais pas! » lui a-t-il dit, lorsque cette chère petite le suppliait de venir rejoindre sa mère. Mais quand il m'a vue, moi, la colère, la fureur, ont brillé dans ses yeux.

— Repousser son enfant !... Mais cet homme n'a donc pas d'âme !... Pauvre Camille! qu'allez-vous faire maintenant?

— Je veux voir monsieur Damfleury! s'écrie Camille, je veux lui parler, je veux savoir de quel droit il dit à ma fille qu'il ne la connaît pas... Ah! je ne le prierai pas de revenir vivre avec moi... Non, je

13

sens à présent que ce serait pour moi un supplice de passer ma vie près de cet homme... mais je veux que ma fille ait le droit de l'appeler son père et qu'il ne se permette plus de la repousser quand elle lui donne ce nom.

— Vous avez raison, dit Mathilde ; mais ce n'est pas assez... Est-ce que vous souffrirez qu'une autre le nomme son mari ?... qu'elle continue à être sa femme? Est ce que vous ne l'accuserez pas devant les tribunaux? Est-ce que vous n'y dénoncerez pas... son crime?...

— Ah! taisez-vous, Mathilde, taisez-vous!... Cet homme n'est-il pas le père de ma fille!... Et vous voulez que je le dénonce... que je le traîne devant les tribunaux?... Oh! non... non, jamais!...

— Ah! bien, si c'était moi!... C'est commode, alors, on épousera une femme, on la rendra mère, puis on l'abandonnera pour en épouser une autre, et la première n'osera rien dire, à cause de son enfant!...

— Laissez-moi voir monsieur Damfleury, lui parler... il faudra bien qu'il me dise ce qu'il compte faire pour sa fille.

— Voir La Bergerie! dit Valmiral, ce ne sera pas facile... Où le trouver à présent?

— Chez sa deuxième femme, dit Mathilde, vous

devez savoir son adresse, sinon cette vieille buse de Philamour vous la donnera.

— Mais La Bergerie n'est presque jamais chez lui... il y paraît à peine, et sa seconde femme passe son temps à l'attendre...

— Tant mieux, c'est bien fait!...

— Ah! Mathilde! est-ce donc la faute de cette jeune femme si son père l'a mariée avec un homme qui l'était déjà!

— Vous la plaignez? vous êtes bien bonne! Mais attendez... vous voulez vous trouver avec votre mari... avoir un entretien secret avec lui?

— Oui, je le veux... il faut que je sache quels sont ses projets...

— Il ne vous les dira pas.

— Mais il faudra bien qu'il me réponde quand je lui parlerai de sa fille...

— Eh bien!... j'ai trouvé un moyen... Oui, je vous ferai avoir un tête-à-tête avec lui. Pour cela, il faut employer la ruse, car votre mari est adroit, et vous comprenez bien que maintenant qu'il sait que vous êtes à Paris, il va se tenir sur ses gardes. Mais on a toujours un penchant qui nous entraîne... qui nous perd quelquefois... Rodrigue, La Bergerie ou Damfleury, comme vous voudrez le nommer, ne peut pas voir une jolie femme sans lui faire la cour.

J'ai pour amie une jeune fleuriste nommée Lisa, elle est fort gentille...

— En effet, dit Valmiral, je me rappelle l'avoir vue avec vous à l'Eldorado.

— Ce séducteur de La Bergerie en est très-amoureux ; chaque fois qu'il la rencontre il la suit, lui parle, la supplie de lui accorder un rendez-vous. Mais Lisa est sage, ce monsieur ne lui plaît pas du tout, elle le recevait fort mal. Je vais lui recommander d'agir autrement, de ralentir le pas quand elle le verra, de l'écouter, et enfin de lui accorder un rendez-vous, le soir, dans un endroit peu éclairé. Aussitôt le rendez-vous pris, Lisa viendra m'en instruire, moi j'accourrai vous le dire, et c'est vous que votre mari trouvera à la place de Lisa.

— Ah ! ma chère Mathilde, que ne vous devrai-je pas !... pourvu qu'il rencontre bientôt cette jeune fille !

— Ah ! quant à cela, nous ne pouvons pas le savoir ; mais je vais recommander à Lisa de sortir plus souvent, de flâner un peu devant les boutiques ; elle aura plus de chance pour être aperçue par votre mari.

— Allons, chère Camille, du courage, de la patience ! dit Valmiral, et si vous avez un mari qui a perdu tous ses droits à votre amour, à votre estime même, songez que vous avez en nous deux amis dévoués, qui veilleront sans cesse sur vous et votre chère Marie.

Valmiral et Mathilde pressent avec force les mains de Camille, dont les yeux sont inondés de larmes, et pour raffermir son courage, la conduisent devant son enfant dont le sommeil est paisible et doux.

XVII

UNE DAME QUI EN TIENT

La calèche de madame Verdoyant n'avait pas fait dix tours de roues, que la brûlante Olympe s'écriait tout en jetant sur La Bergerie des regards flamboyants :

— Quelle est cette femme ?... Qu'a voulu dire cette femme... cette horrible femme ! Car elle était horrible !... Si ses yeux avaient été des pistolets, vous seriez déjà mort !... Une femme... une enfant qui vous appelle son papa !... Monsieur de Senneterre, il faudrait cependant m'expliquer ce que tout cela veut dire !...

— Chère Olympe... car vous m'avez permis de vous nommer ainsi...

— Je ne vous le permets plus !...

— Eh bien... je vous assure, madame...

— Si, appelez-moi encore Olympe... cela n'engage à rien...

— Je ferai tout ce que vous voudrez... vous savez que je suis votre esclave soumis...

— Il n'est pas question d'esclave !... vous rompez les chiens. Je vous ai demandé ce que c'étaient que cette femme et cette petite fille qui s'attachaient à vous comme de vrais crampons ?...

— Je crois vous avoir déjà répondu, ô mon Olympe, que je ne savais pas ce que cela voulait dire... qu'il devait y avoir dans tout cela une méprise... ou une mauvaise plaisanterie...

— A d'autres, monsieur, à d'autres !... Une enfant pouvait se tromper, ce serait encore possible... mais cette femme... cette furie qui est arrivée ensuite... car elle avait l'air d'une véritable furie !... elle vous a provoqué, insulté même. Elle vous a appelé lâche ! misérable !... si vous ne la connaissiez pas, vous deviez sur-le-champ la faire arrêter !... Pourquoi avez-vous souffert ses insultes ?...

— Quoi ! vous auriez voulu que, dans le bois de Boulogne, au milieu d'une société élégante... étant avec une personne aussi distinguée que vous, je fisse un esclandre... du scandale !... Ah ! qu'aurait-on pensé de moi !...

— Je m'inquiète fort peu de ce qu'on aurait pensé... mais je ne veux pas, moi, que l'homme avec qui je suis se laisse insulter par la première venue!... Vous la connaissez donc, cette femme ?... Allons, avouez que vous la connaissez !... C'est la mère de l'enfant, sans doute ?

— Oh ! non !...

Ce *non* est échappé à La Bergerie, qui voudrait bien pouvoir le reprendre; mais les plus adroits ont parfois des distractions. La jalouse Olympe ne laisse pas tomber ce mot :

— Non... ce n'est pas la mère de l'enfant !... Ah ! vous le savez... vous voyez donc bien que vous la connaissez !... cette femme ! monstre !... perfide !...

— Madame... cependant...

— Taisez-vous ! pas un mot de plus... Je vous défends d'ouvrir la bouche dans cette voiture... C'est chez moi que nous aurons une entière explication.

La Bergerie aime autant cela ; n'étant plus pressé de questions, il peut réfléchir, chercher ce qu'il doit dire ou faire pour que l'incident qui vient d'avoir lieu n'amène pas pour lui rupture avec madame Verdoyant, qu'il avait déjà ensorcelée au point que leur mariage était une chose arrêtée. Il finit par se dire qu'avec les femmes, nier ses torts est souvent un mauvais moyen pour se faire aimer, et qu'il est plus adroit de s'accuser beaucoup que de vouloir passer pour innocent.

La calèche s'est arrêtée devant le grand hôtel. madame Verdoyant monte à son appartement. La Bergerie la suit comme ferait un caniche. A peine dans son salon, cette dame jette de côté, châle, chapeau, gants, puis elle se jette elle-même sur un divan, s'y étalant d'une façon tout à fait turque, si ce n'est qu'elle ne croise pas ses jambes sous elle.

La Bergerie a bien soin de ne point regarder de son côté ; mais il se promène avec agitation dans l'appartement, poussant de temps à autre de gros soupirs, puis se frappant le front, d'un air désespéré.

Olympe, voyant qu'il ne lui parle pas, s'écrie enfin :

— Eh bien, monsieur, est-ce que vous allez vous borner à vous promener devant moi ?... Est-ce que c'est ainsi que vous me donnerez cette explication que j'attends, que j'exige ?

— Madame !... de grâce... laissez-moi !... je suis un misérable, en effet... Du reste, je vous l'avais bien dit quand j'eus l'honneur de vous voir pour la première fois... j'ai bien des torts... des fautes à me reprocher... folies de jeunesse, pourrais-je dire... Mais non... il est inutile de chercher à m'excuser... maintenant j'ai perdu votre estime, votre amour... Je ne supporterai pas plus longtemps une existence qui m'est à charge !...

— Qu'est-ce que vous dites?

— Tenez, madame, voilà dans ce portefeuille, que je pose là, la somme que j'ai à vous... tant en billets de banque qu'en obligations du Crédit foncier... ne devant plus désormais m'occuper de vos affaires, je vous restitue cet argent... et je vais vous dire un éternel adieu...

— Qu'est-ce que cela signifie?... où donc allez-vous alors?

— Où je vais... me jeter à l'eau... c'est le seul parti qui me reste...

— Ah ! bien, par exemple... Arthur! Arthur !...

Et la tendre Olympe, se levant précipitamment, court à La Bergerie, l'enlace de ses bras vigoureux, et le conduit sur le divan, où elle s'assoit à peu près sur ses genoux, en disant :

— Je ne veux pas que vous mouriez, moi ; non, je ne le veux pas !... Jolie manière de vous justifier !... Voyons... parlez-moi... regardez-moi... a-t-il de beaux yeux, ce mauvais sujet-là ! Je suis encore capable de vous pardonner... car enfin, cet enfant, si vous en êtes le père, vous ne l'avez pas fait hier... ni depuis que vous me connaissez!...

— O grand Dieu! depuis que je vous connais j'ignore s'il y a au monde d'autres femmes...

— C'est bien vrai?

— Aussi vrai que mon amour pour vous...

— Eh bien, alors, je ne suis plus en colère... mais contez-moi tout... ne me cachez rien... cette petite fille a-t-elle en effet le droit de vous appeler : papa?

— Je vous avoue que je n'en crois rien... J'eus, il y a cinq ou six ans, le malheur de faire la connaissance d'une jeune modiste... très-rusée...

— Une modiste! ah! mon cher ami, où alliez-vous chercher vos maîtresses!

— Je ne la cherchais pas... c'est le hasard... elle demeurait sur mon carré, et venait tous les soirs me prier de lui allumer son rat...

— L'effrontée!... et vous allumiez son rat!...

— Bref... elle me dit qu'elle rêvait souvent de moi...

— Assez! assez... arrivez au dénoûment!

— Je devins son amant... au bout de quelque temps, elle me dit qu'elle était enceinte, que je l'avais rendue mère...

— Vous et tous ceux qui allaient commander des chapeaux pour leurs femmes!...

— Que vouliez-vous que je fisse? Elle mit au monde une petite fille... Je payai les mois de nourrice pendant une année. J'aurais continué sans doute, si je ne m'étais aperçu que ma maîtresse me trompait... avec un sergent de voltigeurs !...

— Ah! que vous méritiez bien cela!... prendre une modiste !

— Alors je cessai de payer les mois de nourrice et de voir cette infidèle...

— Il était bien temps !

— Croiriez-vous qu'elle eut l'audace de m'écrire en me donnant les épithètes les plus odieuses, et m'accusant d'abandonner mon enfant?...

— Votre enfant! l'enfant du régiment peut-être!

— Depuis ce temps j'ai sans cesse été en butte aux méchancetés de cette femme... Cependant depuis un an je n'en avais pas entendu parler et je la croyais bien loin... mais je m'étais réjoui trop tôt!... en m'apercevant hier avec vous au bois de Boulogne, vous avez vu ce qu'elle s'est permis de faire !...

— Mais cette autre femme qui est venue vous apostropher jusque dans la voiture, et qui n'est pas la mère, celle-là... qui est-elle?...

— Une amie intime de... de Félicia... qui me hait, qui me déteste, parce qu'elle m'a fait aussi des avances auxquelles je n'ai pas répondu...

— Pauvre ami !... et je le grondais !... embrassez-moi...

— Ah ! madame...

— Embrassez-moi, je le veux... cher Arthur, embrassez-moi encore...

— Maintenant, chère Olympe, vous devez comprendre pourquoi il me tarde de quitter Paris... pourquoi je désirais que notre mariage se fît à votre château...

—— Oui, oui, mais il me manque encore, à moi, le certificat de mort de mon mari, M. Verdoyant, qui a eu la sottise de se laisser mourir d'une indigestion dans une petite ville de la Picardie... On m'a promis que je le recevrai cette semaine. Alors nous en finirons **tout de suite**... car vous avez vos papiers en règle... j'ai là votre acte de naissance ; vous vous nommez Jules Damfleury... pourquoi pas de Senneterre ?...

— Je vous l'ai dit ; des raisons politiques m'ont fait changer de nom...

— Très-bien, peu importe ; le principal est que vous soyez bien mon mari... puis, le mariage fait, nous quittons tout de suite ce vilain Paris où trop de femmes vous poursuivent !

— Ah ! je voudrais déjà être bien loin !

— Vous vous êtes occupé de toutes les formalités nécessaires, à la mairie, à l'église?...

— Oui, chère Olympe...

— Ne ménagez pas l'argent! Je veux que ce soit splendide!

— Vous serez satisfaite. Je n'ai plus à m'occuper que de mes témoins et de ma toilette...

— Ah! oui, de votre toilette! Je veux que mon futur soit resplendissant! Je veux que toutes les femmes crèvent de dépit en voyant mon bonheur...

— Alors je vais presser mon tailleur...

— C'est cela... eh bien, reprenez donc ce portefeuille, mon ami, il peut vous être nécessaire...

— En vérité, cela me contrarie... Gardez votre portefeuille...

— Arthur, je veux qu'on m'obéisse... reprenez-le...

— Puisque vous l'ordonnez... au revoir, belle amie!... Je reviendrai ce soir.

La Bergerie quitte madame Verdoyant. Quand il est sorti du Grand-Hôtel, il pousse un *ouf!* des mieux conditionnés et se dit :

— Enfin! j'en suis sorti triomphant!... mais il a fallu toute mon éloquence, toute mon adresse!... C'est bien ma fille que j'ai revue... pauvre petite!... J'avoue qu'en la repoussant j'ai éprouvé, là, quelque chose qui me serrait le cœur... j'aurais voulu... ah ! j'aurais voulu l'embrasser... mais si je m'étais laissé aller à ce mouvement de sensibilité, j'étais perdu!... plus d'union possible avec cent mille francs de rente, qui s'appellent madame Verdoyant... et que devenir... entre deux femmes qui ont déjà le droit de me faire pendre... ou à peu près? Camille est à Paris !... qui diable a pu lui donner l'idée d'y venir?... Quelqu'un de Joinville m'y avait vu peut-être et elle est venue pour m'y chercher... ma position devient dangereuse... il est temps que je quitte Paris !... Les planches du beau-père Philamour sont mangées jusqu'à la dernière !... épouser Olympe, me cacher au fond de son château, n'en plus bouger.... passer ma vie à table... voilà ma dernière ressource !... Ah ! ce ne serait pas tenable s'il fallait embrasser souvent cette énorme Olympe, mais une fois son mari, je me fais invalide !... Sapristi ! je voudrais bien rencontrer la petite Lisa... car j'ai besoin de distractions !...

Ce soir-là, c'est en vain que ce monsieur cherche sur son chemin la jolie petite blonde ; mais le lendemain il est plus heureux : Lisa marchait en s'arrêtant devant chaque boutique. La Bergerie est bientôt près d'elle et lui prend le bras, que cette fois la fleuriste ne retire pas brusquement.

— Bonjour ou plutôt bonsoir, belle enfant!...

— Ah! c'est vous, monsieur!...

— Oui, moi qui brûlais du désir de vous rencontrer... car je vous adore plus que jamais, vous savez cela!

— Je sais que vous me le dites, voilà tout!

— Mais je grille aussi de vous le prouver. Vous êtes ravissante ce soir... Je crois que vos yeux grandissent toujours...

— Ah! par exemple!...

— Voyons, charmante Lisa, vous ne pouvez point vous passer d'amoureux, il vous en faut au moins un; une femme sans amant, c'est une panade sans sel...

— Ah! on y met du sucre alors.

— Non, le sel vaut mieux!... Est-ce aujourd'hui que vous venez souper avec moi?

— Non... pas aujourd'hui...

— Ah! puisque vous dites : pas aujourd'hui, c'est que ce sera pour un autre jour... Voyons... demain...

— Demain... mais si on me voyait?...

— On ne vous verra pas... Ah! vous consentez! vous êtes charmante!...

— Ce sera le soir alors!...

— Le soir, très-volontiers... voyons, donnez-moi un rendez-vous.

— Mais je ne sais pas où aller... J'ai peur d'être vue avec vous... ça me compromettrait...

— Attendez, attendez, faisons mieux... J'irai retenir un petit cabinet chez un traiteur... vous viendrez m'y retrouver... ou m'y attendre, le premier venu attendra l'autre ; cela vous va-t-il ainsi?...

— Mais je crois que oui... et à quel endroit?...

— Chez Bonvallet... sur le boulevard du Temple, le traiteur qui fait le coin de la rue Charlot...

— Ah! oui, où était le Jardin Turc?

— C'est cela même. Vous entrerez par le boulevard et, au premier garçon que vous apercevrez, vous demanderez le cabinet retenu par M. Rodrigue. Vous vous rappellerez ce nom?

— M. Rodrigue? oh! très-bien.

— A quelle heure voulez-vous y être?

— Mais... à... à neuf heures et demie.

— Neuf heures et demie, c'est convenu... je vous réponds que j'y serai... C'est moi probablement qui vous attendrai... mais pas trop longtemps, n'est-ce pas?

— Non, non, vous n'attendrez pas...

— Vous êtes ravissante!

— A présent, quittez-moi, et surtout ne me suivez pas! Je ne veux pas qu'on nous voie ensemble...

— C'est entendu!... à demain neuf heures et demie, jolie Lisa!...

— Oui, à demain!

La Bergerie se sauve enchanté de sa nouvelle bonne fortune et se disant :

— Comme elle s'est apprivoisée aujourd'hui, cette petite!... Ah! je savais bien qu'elle finirait par là!...

XVIII

DANS UN CABINET

Le lendemain, sur les neuf heures du soir, La Bergerie, qui a été obligé de passer une grande partie de la journée près de madame Verdoyant, se hâte de se rendre au lieu de son rendez-vous, tout en se disant :

— J'arriverai avant l'heure, mais il vaut mieux que cela soit ainsi. Cette petite qui est encore toute neuve en intrigues d'amour... du moins j'aime à le croire, pourrait s'ennuyer toute seule dans le cabinet et ne pas vouloir m'attendre... D'ailleurs à un premier rendez-vous, l'homme doit toujours se trouver le premier; il prend sa revanche ensuite.

Arrivé chez le traiteur, où dans la journée il a retenu un cabinet, et commandé un souper fin, le garçon lui dit, tout en le conduisant :

— Monsieur n'attendra pas, car son monde est venu !

— On est venu?... déjà?... pas possible !... j'arrive dix minutes avant l'heure !...

— Et il y a près d'un quart d'heure que cette jeune dame est là...

— Une petite blonde?

— Oui, monsieur.

— Qui a demandé le cabinet retenu par M. Rodrigue?

— Oui, monsieur.

— Allons, c'est bien cela, et il y a un quart d'heure qu'elle est là?...

— Au moins, monsieur.

— Sapristi! elle a eu peur de manquer le coche!... Ah! ces petites innocentes, quand cela se met en train, ça va le diable !...

Le garçon ouvre la porte d'un cabinet éclairé par des globes d'albâtre, et dans lequel était dressé un joli couvert. Une dame était assise contre un meuble, et placée de façon à tourner le dos à la porte, la tête penchée sur sa poitrine; elle ne bouge pas lorsque La Bergerie entre; celui-ci referme avec soin la porte du cabinet ; puis s'approche de la personne qui est assise, en disant :

— Me voilà ! je suis désolé que vous ayez attendu... Mais il n'est pourtant pas encore l'heure et j'espérais arriver le premier... C'est égal, vous êtes adorable... Je suis le plus heureux des mortels !... je... Ah !...

La jeune dame vient de relever la tête. La Bergerie est alors devant elle, et au lieu de la petite Lisa, c'est Camille, sa première femme, qu'il aperçoit ! il reste un moment stupéfait.

— Ce n'est pas moi que vous comptiez trouver ici ! dit Camille en regardant fixement son mari.

— Non !... oh ! fichtre non !... Allons, j'ai été pris dans un piége... Lisa est amie de Mathilde... celle-ci est maintenant votre confidente... Tout cela s'enchaîne... Bien joué, ma foi ! très-bien joué ! Comment ! c'est vous, Camille ?...

— Vous saviez bien que j'étais à Paris, votre fille vous l'avait dit avant-hier, au bois de Boulogne... où vous avez eu l'indignité de la repousser, en lui disant que vous ne la connaissiez pas !...

— Je vous assure que je ne la reconnaissais vraiment pas ! Elle est étonnamment grandie, grossie... je ne pouvais pas croire que c'était ma fille !... surtout ne pouvant pas me douter que vous étiez à Paris.

— Vous mentez, monsieur ; Marie n'est pas changée en dix-sept mois au point que son père puisse la méconnaître !...

— Nous reviendrons là-dessus. Mais d'abord, dites-moi, madame, pourquoi vous êtes venue à Paris sans ma permission... il me semble que je ne vous avais pas dit de quitter Joinville... Que diable pouvez-vous faire ici ?

— Je suis venue vous y chercher, monsieur, car après vous avoir attendu seize mois sans recevoir de vous aucune nouvelle, je vous croyais mort, puisque vous-même m'aviez avertie qu'après six mois sans lettre de vous, je devais me considérer comme veuve. Mais un monsieur de Joinville vous avait vu à Paris, il s'est empressé de me le dire, et moi, je me suis empressée d'y venir avec ma fille pour y chercher son père et mon mari.

— Vous avez eu tort !... il fallait m'attendre là-bas... je serais toujours allé vous retrouver... j'étais ici très-occupé... mais les femmes n'entendent rien aux affaires... Enfin, vous êtes venue, c'est une faute... mais vous allez repartir... retourner bien vite à Joinville avec votre fille... Je vais vous donner de l'argent... Au fait, vous devez en manquer...

Grâce au ciel, je suis en fonds maintenant ; il faut que dès demain vous ayez quitté Paris...

— Non, monsieur, je ne partirai pas... Ah ! vous espérez peut-être que j'ignore toute l'infamie de votre conduite ?...

— Madame, ces expressions... !

— Et comment doit-on qualifier les actions d'un homme qui, déjà marié, père de famille, vient à Paris et se marie à une autre femme ?... Vous avez épousé ici mademoiselle Zénobie Philamour... son père vous a associé à son commerce, et vous êtes en train de ruiner cette malheureuse femme comme vous m'avez ruinée, moi, en vendant jusqu'à la maison où j'étais née !...

La Bergerie frappe de son poing sur la table, en s'écriant :

— Elle sait tout !... Ah çà ! mais Paris est donc pis que la province ! on ne peut rien y faire sans que cela se tambourine par toute la ville !... Ah ! bien, après tout, tant pis !... nous jouerons cartes sur table, j'aime mieux cela... mais j'ai commandé un excellent souper et je ne vois pas pourquoi notre conversation nous empêcherait de manger... moi, je cause très-bien à table... Garçon !... garçon !... servez ! Avez-vous faim, ma chère amie ?

— Non, monsieur, je n'ai point envie de manger.

— Vous avez tort... Alors je souperai... ou plutôt je dînerai seul, car je n'avais pas dîné, sachant qu'un bon repas m'attendait ce soir ici.

Le garçon apporte le potage, La Bergerie se met à table et se sert; mais tout en mangeant il continue sa conversation avec sa femme; il a repris toute sa bonne humeur et cause comme s'il était avec une amie.

— Y a-t-il longtemps que vous êtes à Paris, Camille?

— Un mois à peu près, monsieur.

— Où logez-vous?

— Dans un modeste hôtel garni, rue de Bretagne...

— Ah! oui, dans le Marais... près d'ici... Voilà un filet délicieux, vous avez bien tort de ne point y goûter... Mettez-vous donc là, près de moi.

— C'est inutile, monsieur, puisque je ne veux pas manger.

— Vous qui n'aviez jamais quitté votre province, vous avez dû être émerveillée en voyant Paris?... Avez-vous été au spectacle?

— Ah! monsieur, je ne comprends pas que vous me fassiez de telles questions... Était-ce donc pour aller au spectacle, pour me procurer du plaisir, que je venais dans cette ville où je n'avais qu'à peine de quoi vivre avec ma fille ; où je me serais trouvée dans le plus complet dénûment, si des personnes compatissantes ne m'avaient prise en pitié et procuré de l'ouvrage !...

— Et mademoiselle Mathilde Desbois a été une de ces personnes compatissantes?

— Oui, monsieur.

— Il faut avouer qu'il y a dans la vie de singuliers hasards !... Voulez-vous un peu de madère?

— Non, monsieur.

— Il est rare de trouver de bon madère dans les restaurants de Paris ; mais celui-ci est excellent !...

— En vérité, monsieur, j'admire votre sang froid ; vous êtes maintenant entre deux femmes qui ont toutes deux le droit de vous donner le titre de leur mari, et cela ne vous inquiète pas?

— Quand je m'inquiéterais, je n'en serais pas plus avancé. D'abord la petite Zénobie n'est presque pas ma femme !... C'est un mariage que j'ai contracté... de la main gauche ; on appelle cela une union morganatique.

— Monsieur, quoique je ne sois pas bien savante, je sais cependant que ce n'est qu'en Allemagne que se contractent ces unions-là avec un grand seigneur...

— Tiens ! tiens ! vous en savez si long que ça ?...

— Vous êtes marié, et très-bien marié avec mademoiselle Philamour; seulement, comme vous l'étiez déjà avec moi, votre second mariage sera déclaré nul, et j'ai seule le droit de porter le titre de votre femme...

— Très-bien... je ne vous croyais pas si forte sur le Code!... Ce salmis de perdreaux est trop salé... c'est dommage.

— Cette femme avec qui vous étiez au bois, quelle est-elle?

— Une vieille folle qui veut que je la promène... Oh! elle ne vaut pas la peine que l'on s'occupe d'elle.

— Enfin, monsieur, que comptez-vous donc faire?

— Moi! rien du tout! c'est à vous que je dois demander cela... Comptez-vous aller trouver le procureur impérial et lui dire que vous êtes l'épouse d'un bigame?... Ah! vous en avez parfaitement le droit!... Mais qu'en arrivera-t-il? Je serai condamné... envoyé... dans quelque port de mer... et ma fille aura pour père un homme déshonoré...

— Ah! monsieur... je ne ferai pas cela!...

— Non, vous ne le ferez pas, vous, Camille, car vous êtes bonne, sensible... Vous vous direz: Mon mari est un chenapan!... ah! je vous permets de dire cela!... Mais à quoi cela m'avancera-t-il de le perdre... de le condamner pour toujours à la honte... au mépris?... en serai-je plus heureuse?... Tandis qu'en lui pardonnant... ou du moins, en le laissant se tirer d'affaire, il pourra un jour se repentir et revenir abjurer ses torts près de moi et de son enfant... voilà ce que vous vous direz, vous. Mais malheureusement il n'en serait pas de même avec l'autre : si la Zénobie apprend qu'elle s'est mariée à un homme qui l'était déjà, elle jettera feu et flamme!... Il y a surtout, là, un certain beau-père, la fleur des imbéciles, qui courra dans tout Paris dire que son gendre a plusieurs femmes... que je me suis moqué de lui, et enfin qui n'aura pas de cesse qu'il ne m'ait fait arrêter et juger. Vous concevez que voilà ce que je voudrais éviter, et cela dépend de vous...

— De moi, monsieur?

— Oui, de vous... Ah! vous allez accepter un verre de champagne... le vin des dames, vous ne pouvez pas refuser cela?...

— Je vous répète que je ne veux rien prendre, monsieur.

— J'ai remarqué que les femmes poussent l'entêtement jusqu'au delà des bornes, et cela ne fait pas l'éloge de leur esprit!... On dit : entêté comme une mule! jamais proverbe ne fut plus vrai... Je bois donc seul et à votre santé... Il est bon, ce n'est pas du Cliquot, mais il est bon!...

— Monsieur, de grâce, achevez donc ce que vous vouliez me dire... Il dépend de moi, dites-vous, que votre beau-père ne vous fasse pas arrêter?

— Sans doute, et c'est bien facile à comprendre : si vous restez à Paris, on peut vous rencontrer... des personnes de Joinville peuvent vous y reconnaître... Prononcer le nom de madame Damfleury devant les Philamour, alors tout sera découvert ; mais si vous consentez à repartir bientôt, à retourner dans votre pays natal, alors comment voulez-vous que ces gens-là sachent mon passé, qu'ils soient instruits de mon précédent mariage, qu'ils aillent découvrir que j'ai une femme à Joinville?... Vous une fois partie, je n'ai plus rien à redouter... Vous voyez donc bien, ma chère Camille, que mon avenir, mon sort, sont entre vos mains... Mais je ne veux plus que vous soyez dans l'indigence... ni qu'il manque rien à ma fille... Tenez... prenez ceci...

La Bergerie sort son portefeuille de sa poche ; il en tire plusieurs billets de banque, en fait un petit paquet et le met dans la main de Camille.

— Qu'y a-t-il là-dedans? monsieur.

— Dix mille francs, ma chère amie. Cela vous aidera pendant quelque temps ; et si mes affaires marchent comme je l'espère, je ne m'en tiendrai pas là, car j'ai une affaire superbe en train ! que je réussisse et vous recevrez souvent des cadeaux semblables à celui-ci...

— Mais, monsieur... je ne sais si je dois accepter cette somme...

— Comment, vous ne savez pas ?... Ah çà ! je suis votre mari, n'est-ce pas ?... par conséquent vous n'avez pas le droit de refuser ce que je vous donne... Cette somme est à peu près celle que j'ai reçue pour la vente de votre maison. Si vous ne voulez pas de cet argent, pour vous, eh bien, donnez-le à ma fille... c'est bien le moins que je lui fasse un petit présent, après l'avoir si mal accueillie avant-hier...

— Pauvre enfant !... et vous n'éprouvez pas le désir de l'embrasser... de la presser dans vos bras ?

— Si... si fait, vraiment !... Donnez-moi votre adresse et j'irai demain matin chez vous pour embrasser Marie... mais ensuite vous partirez... vous quitterez Paris, n'est-ce pas ?...

— Si cela est nécessaire pour détourner de vous les dangers... la punition de votre faute...

— Oui, parbleu, cela est nécessaire, indispensable...

— Voilà mon adresse, monsieur.

— Et maintenant que tout est arrangé, convenu

entre nous... que vous voulez bien... je ne ne dis pas me pardonner! mais du moins ne pas me perdre, adieu, ma bonne Camille!... allez-vous en seule, cela vaudra mieux ; moi, je vais achever ce champagne...

— Et vous viendrez demain chez moi, embrasser votre fille ?

— C'est convenu ! c'est entendu !... A demain !... Bonsoir ! portez-vous bien.

Camille est partie, elle se hâte de regagner sa demeure, où l'attendaient Valmiral et Mathilde, impatients de connaître le résultat de l'entrevue de la jeune femme avec son mari.

Il était onze heures du soir lorsque Camille est de retour. Elle court d'abord embrasser sa fille qui dort profondément ; puis elle tend sa main à ceux qui, en son absence, ont veillé sur son enfant. Elle lit dans leurs regards le désir qu'ils éprouvent de savoir ce que La Bergerie a dit, en la trouvant au rendez-vous, à la place de Lisa. Elle se hâte de les satisfaire en leur racontant tout ce qui s'est dit et passé entre elle et son mari, et termine son récit en leur montrant les billets de banque que celui-ci lui a donnés.

— Devais-je recevoir cet argent? dit Camille; en vérité, je ne sais. J'ai peut-être eu tort de l'accepter.

— Tort ! s'écrie Mathilde, par exemple ! lorsque

c'est à peine le prix de votre maison qu'il vous a forcée de quitter... Cette somme est un bien faible dédommagement pour tout le mal qu'il vous a fait... N'est-il pas vrai, monsieur?

— Sans doute, dit Valmiral, qui est devenu bien triste depuis qu'il a entendu le récit de Camille. Cet homme est bien adroit ! Après sa conduite odieuse il a encore eu le talent de vous intéresser, madame!... car vous semblez disposée à lui obéir, à quitter Paris, de peur que votre présence ici ne fasse découvrir son double mariage...

— Mais cela n'aurait pas le sens commun ! dit la jolie brune ; quoi ! cet homme vous a fait l'outrage le plus sanglant, et, au lieu de vous venger ou de laisser au moins ce soin à la justice, vous allez pour ainsi dire l'aider à cacher son infamie !...

— Mon Dieu ! que voulez-vous donc que je fasse ? murmure Camille ; cet homme n'est-il pas le père de mon enfant ? Et vous voulez que je le livre à toute la rigueur des lois !...

— Je ne dis pas, ma bonne amie, que vous le livriez vous-même, mais qu'au moins vous ne serviez pas de complice !...

— Il doit venir demain matin ici, embrasser sa fille ; je le supplierai de partir avec nous, de ne plus nous quitter !...

— Lui, venir ici demain! dit Valmiral, oh! vous l'attendrez en vain... Je suis bien certain qu'il ne viendra pas!

— Non, certes, il ne viendra pas, s'écrie Mathilde, et elle ajoute tout bas :

— Je ne suis pas sa femme, moi... à ce chenapan !... et je n'ai aucune raison pour le ménager! Je saurai quels sont ses projets... et gare à lui!...

XIX

OU L'ON REVOIT DARDANUS

Trois jours se sont écoulés depuis ces événements. La Bergerie n'a pas été chez sa femme. Valmiral supplie celle-ci de ne point partir, et Mathilde a écrit à la mairie de Joinville pour demander un acte constatant le mariage de Jules Damfleury avec Camille.

M. Philamour a été obligé de payer de nouvelles traites tirées sur lui par son gendre ; il est furieux contre celui-ci, qui ne paraît plus chez lui, qui n'y couche plus depuis quelques jours et s'est borné à laisser à sa femme une lettre dans laquelle il lui met : « Je fais un petit voyage pour des rentrées d'argent ; ne vous impatientez pas, je vous ménage une grande surprise ! »

Et Zénobie se dit :

— Mais quand donc arrivera-t-elle, cette grande surprise?... J'ai un singulier mari ! C'est absolument comme si je n'en avais pas.

M. Philamour se disposait à se rendre de nouveau chez sa fille pour s'informer si son gendre y avait reparu, lorsqu'au milieu d'une rue, il est arrêté par quelqu'un qui lui barre le passage, en s'écriant :

— Ah! c'est Philamour!... ce brave monsieur Philamour!

— Tiens, Dardanus!... bonjour, mon cher!... ça va bien!...

— Pas mal... Je suis enchanté de vous rencontrer... Je ne vous ai pas vu depuis ce jour où nous dînâmes ensemble dans un bouillon du boulevard Sébastopol...

— En effet... il y a plus de six semaines de cela...

— Je ne dînais presque jamais en ville autrefois... avant mon duel avec Savonard... vous avez su l'histoire de mon duel?...

— Oui, oh! oui, vous me l'avez contée plusieurs fois !...

— C'était donc dans ce restaurant bouillon... et je me rappelle que ce jour-là vous m'avez présenté votre gendre que je ne connaissais pas...

— C'est possible...

— Vous en étiez alors enchanté, enthousiasmé de votre gendre, il vous appelait papa beau-père ; il savait tout!... il était capable de tout!... En effet, il a prouvé qu'il était capable de tout!... Ah! fichtre! quel gaillard!... en êtes-vous toujours enchanté?

— Non... non... J'avoue qu'il n'a pas répondu à mes espérances... je suis forcé d'en convenir...

— Moi, voyez-vous, je l'avais bien jugé : du premier coup d'œil il m'avait déplu!... Oh! c'est que pour juger les hommes j'ai un tact étonnant... Tenez, une fois... peu après mon duel... non, c'était avant!... ça ne fait rien, on me présente pour domestique une fille de la campagne, qui tenait presque toujours ses yeux baissés : C'est une vertu, me disait-on, une fille qui serait rosière si elle demeurait à Nanterre ; moi, je n'ai pas confiance dans les filles qui baissent toujours les yeux. La vertu ne craint pas de vous regarder en face. Je consentis cependant à prendre celle-ci : monsieur, au bout de huit jours elle accouchait chez moi de deux enfants et toujours en baissant les yeux!... Mais, pour en revenir à votre gendre, je présume que vous allez prendre un parti?

— Quel parti?...

— Que vous allez le traîner devant les tribunaux?...

— Est-ce qu'il se serait mis en faillite sans que j'en fusse instruit?...

— Il n'est pas question de faillite, ce qui du reste ne peut pas manquer d'arriver au train qu'il mène... Ah çà! mais, mon pauvre monsieur Philamour, vous ne savez donc rien?... vous n'avez donc pas découvert le pot aux roses?...

— Je n'ai découvert aucun pot!... expliquez-vous, Dardanus... vous me mettez sur le gril...

— Ah! diable!... c'est que c'est dur à avaler, ceci... ce n'est point une petite pilule...

— Vous allez me faire prendre une pilule?

— Je vais vous porter un coup!... mais, après tout, il faut toujours que vous le sachiez, pour que vous preniez vos mesures. Il y a deux jours... vous voyez que ce n'est pas vieux, je me reposais à une table de café!... en dehors... vous savez qu'à présent, sur les boulevards, les limonadiers mettent des tables qui quelquefois envahissent tout le boulevard et laissent à peine une petite place pour que les passants puissent circuler...

— Qu'est-ce que cela peut faire à mon gendre ces tables-là?

— Attendez donc... j'étais en train de prendre un bock avec Ducoudray... un brave garçon! qui fut un de mes témoins dans mon duel avec Savonard... Quels étaient donc les témoins de Savonard?...

— Ah! mon Dieu! mon Dieu!...

— Qu'est-ce que vous avez?

— Vous n'en sortirez donc pas!

— De quoi? de mon duel? mais j'en suis sorti avec honneur, je m'en vante!

— Mais c'est de mon gendre que vous vouliez me parler...

— Eh bien, j'y arrive. Nous étions donc à causer en buvant nos bocks, lorsque votre superbe gendre... le dandy... le lion... qui s'est moqué de moi, parce que je m'appelle Dardanus... qui a prétendu que je devrais être apothicaire...

— Après! après!...

— Enfin ce monsieur se mit à une table et se fit servir une glace. Tiens, dis-je à Ducoudray, voilà un gandin que je connais; c'est M. de La Bergerie, le gendre d'un de mes amis, Philamour, marchand de planches. Ducoudray envisagea alors le particulier et s'écria: Pardieu! je le connais aussi ce monsieur-là! mais tu te trompes, il ne se nomme pas La Bergerie, mais Damfleury; il s'est marié à Joinville avec une petite femme fort gentille, que j'ai encore vue à Joinville il n'y a pas plus de trois mois... il ne peut donc pas être le gendre d'un monsieur Philamour. Je répondis que je ne me trompais pas, que j'étais sûr de mon fait. De son côté, Ducoudray, qui était sûr de ce qu'il me disait, s'écria :

— Alors cet homme a deux femmes... et pour te prouver que je le connais, je vais aller lui demander des nouvelles de celle qu'il a laissée à Joinville et qui est mère d'une petite fille.

Là-dessus, Ducoudray se lève et se dispose à se rendre près de votre gendre, mais probablement celui-ci l'avait vu venir, car il était disparu, et impossible de le retrouver ! Voilà, mon cher monsieur Philamour, ce que j'ai appris avant-hier et ce que je comptais aller vous dire aujourd'hui, si le hasard ne m'avait pas fait vous rencontrer.

Le pauvre marchand de planches est resté comme un hébété ; il regarde le ciel, ensuite il regarde ses pieds, cela dure comme cela assez longtemps ; puis il murmure :

— Ça n'est pas vrai... tout cela n'est pas possible... votre ami ne sait ce qu'il dit !

— Monsieur Philamour, sachez que Ducoudray est incapable de mentir ! un homme qui a été mon témoin... dans mon duel !...

— Qu'est-ce qu'il va faire à Joinville, ce monsieur ?

— Comment ! ce qu'il y va faire ? mais il a un oncle

qui y demeure, et il va souvent passer quelques semaines chez cet oncle. D'ailleurs il a dit que le vrai nom de votre gendre était Damfleury : est-ce la vérité ?

— Oui... oui... en effet... ma fille est madame Damfleury.

— Eh bien, il y en a deux alors : une ici et une autre à Joinville...

— Oh ! par exemple ! ce serait trop fort...

—Si vous voulez parler à Ducoudray, tenez, voici son adresse... il pourra vous donner plus de détails; vous verrez que je ne vous ai pas trompé.

— Merci, mon ami... mon cher ami !... Ah! Dardanus !... vous voyez un beau-père bien empêtré...

— Du courage ! mais il faut agir ; écrire à Joinville, rassembler les preuves et faire punir le coupable...

— Vous avez raison, je ferai tout cela... Oh ! le drôle la dansera... et il tire sur moi des traites... me ruine... il a mangé mes planches !... et ma fille, cette pauvre Zénobie !... que va-t-elle dire quand elle saura qu'elle n'a qu'un mari en partie double !...

— C'est-à-dire qu'elle n'en a pas du tout... le second mariage est nul de droit !

— Vraiment? Tant mieux, ça la consolera un peu... je cours lui dire qu'elle est veuve !...

— Agissez, Philamour, agissez !... votre gendre

ne mérite aucune pitié. Allez le trouver, confondez-le !

— Eh, mon ami ! voilà trois semaines que je vais le trouver... et que je ne le trouve pas!

— Prenez garde qu'il ne vous échappe... Ah! il s'est moqué de moi parce que je m'appelle Dardanus!... Eh bien, je lui apprendrai à se faire appeler La Bergerie.

Philamour se rend sur-le-champ chez sa fille. Zénobie était en train d'essayer un de ces soi-disant chapeaux qui ressemblent à un dessous de carafe. En voyant entrer son père effaré, boursouflé et haletant, elle lui dit :

— Qu'y a-t-il donc, petit père, vous semblez être bien agité?

— Agité ! agité !... c'est-à-dire que je suis furieux... indigné... interloqué... Ma fille, tu ne te doutes pas d'une chose !... ton mari est marié !...

— Ah! mon père, si c'est pour me dire une pareille... naïveté que vous vous êtes mis en nage, il ne fallait pas courir si fort...

— Mais tu ne comprends pas... je m'explique mal... ce La Bergerie... Damfleury... ce polisson, ce gredin nous a joués comme des... je ne veux pas dire le mot! Quand il t'a épousée, ce monsieur, il était déjà marié, ma chère amie, il avait déjà femme et enfant, il a deux épouses!

— Il serait possible!... Est-ce que c'est permis? je croyais que cela ne se faisait que chez les Turcs...

— Mais non, certainement, ce n'est pas permis!... c'est même puni très-sévèrement... J'ai le droit de faire arrêter ce monsieur... Et dire que j'en ai fait mon associé!... que je lui ai confié la signature de notre maison, qu'il n'y a plus une seule planche dans mes magasins!... et que ses prétendus achats en Norwége sont probablement un mensonge comme tout ce qu'il m'a dit, le pendard!

— Mais, papa, vous n'aviez donc pas été aux informations avant de me faire épouser ce monsieur?

— Si fait, mais c'était toujours à lui que je m'adressais pour en avoir... Tu sais bien d'ailleurs qu'après cette valse où vous êtes tombés ensemble, tu ne voulais plus avoir d'autre époux que lui...

— Ah! je déteste la valse à présent.

— Il est bien temps! Au reste, rassure-toi : ton mariage sera déclaré nul... tu vas être libre.

— Oh! tant mieux, petit père!... Je pourrai en épouser un autre alors.

— Je le pense bien!

— Alors, démariez-moi bien vite, je vous en prie.

— Pour cela il faudra que nous puissions prouver le premier mariage de ce monsieur.

— Et où est-elle, son autre femme?

— A Joinville, à ce qu'on m'a dit.

— Est-ce loin d'ici?

— Je n'en sais rien, je ne connais pas du tout cet endroit-là... Oh! mais, attends donc... il me vient une idée...

— Quelle espèce d'idée, papa?

— Il y a quelques jours j'ai rencontré une jeune femme, que La Bergerie m'avait dit être la sœur d'un homme qui nous devait de l'argent. Je l'ai accostée en lui demandant des nouvelles de son frère. Elle a ouvert de grands yeux... elle les a très-grands, m'a dit que mon gendre s'était moqué de moi... bref elle m'en a dit sur lui pis que pendre!... jusqu'à m'assurer qu'il m'avait traité, moi, de vieil imbécile!...

— Oh! ça ne m'étonne pas du tout... mais quelle est cette femme?

— D'après ce qu'elle m'a dit, j'ai cru comprendre que ton mari... je dis ton mari par habitude, mais je ne veux plus lui donner ce nom-là... j'ai cru comprendre que ton faux époux... faux époux rend mieux la situation!...

— Mais achevez donc, papa!

— J'ai cru comprendre que cette jeune brune avait été la maîtresse de ton mari... Allons bon ! voilà encore que cela m'échappe... la maîtresse de ton faux homme...

— Mais c'est peut-être elle qui est sa femme, papa !

— Au fait, ce ne serait pas impossible ; elle n'a peut-être pas voulu m'avouer cela tout de suite, pour la première fois qu'elle me voyait, mais d'après tout le mal qu'elle m'a dit de La Bergerie, je ne serais pas du tout étonné que ce fût sa femme.

— Eh bien, papa, il faut revoir cette femme, la questionner, la forcer à vous dire la vérité. Savez-vous où elle demeure ? pourrez-vous la retrouver ?

— Oui, oui, je sais où est le magasin dans lequel elle travaille, elle me l'a montré... elle m'a dit aussi son nom : Mathilde Desbois...

— Alors courez-y tout de suite, qu'elle nous aide à confondre ce mauvais sujet qui a mangé ma dot et me laisse sans argent... car je n'ai plus rien ici, il faut que vous m'en donniez, petit père...

— Mais il me ruine aussi, ce filou... cet escroc... ce mangeur de planches !...

— Et qu'on me démarie bien vite, entendez-vous, papa !... afin que je puisse en épouser un autre... J'ai déjà quelqu'un en vue... ce jeune homme qui m'a reconduite, le soir que vous avez si bien dansé au bal Mabille et que l'on vous a emmené au poste... Je ne savais que devenir... vous vous rappelez bien?...

— Oui, encore un tour de ton faux mari, qui ne m'apprenait que des choses prohibées!... Le scélérat! il me conseillait de ne plus me coucher et la garde me ramassait endormi sur des bancs de bois au milieu de la nuit!... Mais je cours trouver cette jeune femme... Mathilde Desbois, qui est probablement madame Damfleury... elle a l'air d'une luronne, d'une gaillarde... elle nous secondera... et je ferai empoigner ce monsieur... O mes pauvres planches, en quelles mains étiez-vous tombées!

Mathilde était dans son magasin lorsqu'elle voit, arrêté sur le boulevard, un gros monsieur qui lui fait des signes comme s'il était sourd-muet. La jolie brune a bien vite reconnu Philamour; elle sort de son magasin et s'empresse d'aller à lui :

— Est-ce à moi que vous en voulez, monsieur? il m'a semblé que vous me faisiez des signes...

— Oui, mademoiselle, ou madame plutôt... car j'ai dans l'idée que vous êtes bien plus dame que demoiselle.

— Est-ce pour me dire cela que vous vouliez me parler, monsieur?

— Pardon! oh! j'ai bien d'autres choses à vous dire au sujet de ce scélérat de La Bergerie, mon gendre... non, je ne veux plus le nommer mon gendre, et par le fait il ne l'est plus... puisque son mariage avec ma fille sera déclaré non avenu...

— Ah! vous savez donc aussi la vérité maintenant? Eh bien, monsieur, avais-je tort de vous dire que votre gendre était un misérable?...

— Je vous en prie, ne l'appelez plus mon gendre... ça me fait mal...

— Comment avez-vous pu donner votre fille à un tel mauvais sujet?... Où donc avez-vous pris des renseignements sur lui?

— C'est lui qui me les donnait...

— C'est adroit!

— Pouvais-je penser qu'un homme déjà marié viendrait effrontément me proposer d'épouser ma fille?... Mais grâce à Dardanus, un ancien ami dont le drôle s'était moqué... et qui avait cela sur le cœur, j'ai su ce matin toute la vérité... Il a une autre femme, le sacripant! et cette autre femme... c'est vous, n'est-il pas vrai?

— Moi! oh! non, grâce au ciel, je ne suis pas la femme de M. Rodrigue, La Bergerie, Damfleury!...

— Vraiment? après tout le mal que vous m'avez

dit de lui... je croyais que vous étiez son épouse infortunée...

— Non, monsieur, ce n'est pas moi et je m'en félicite ; mais je la connais sa pauvre femme... je suis son amie... je la vois presque tous les jours... Car elle est ici, à Paris avec sa fille.

— Elle est à Paris? oh! tant mieux! elle me secondera alors dans la démarche que je veux faire pour livrer mon gendre... ah! sapristi!... ça m'échappe toujours... pour livrer ce Turc... — c'est cela, puisqu'il a plusieurs femmes : c'est un Turc, je ne l'appellerai plus autrement, — pour livrer, dis-je, ce Turc, mon gendre, à la justice !...

— Détrompez-vous, monsieur, sa femme ne vous secondera pas du tout! Camille est trop bonne... trop indulgente pour vouloir faire juger son mari : il est le père de son enfant, et cette raison l'empêchera toujours d'attirer sur sa tête le châtiment qu'il mérite.

— Diable!... mais alors comment donc faut-il faire ?... S'il faut que j'agisse seul, je n'en sortirai pas !

— Soyez tranquille, je vous seconderai, moi, monsieur, qui n'ai aucun motif pour ménager votre gendre, et qui veux, au contraire, que justice se fasse. C'est pour le bonheur de Camille que je veux cela... Il est impossible qu'elle soit jamais heureuse tant qu'elle restera dans la position où l'a mise ce misérable... J'ai déjà commencé à agir : j'ai écrit à Joinville, à la mairie, j'ai demandé une copie de l'acte de mariage de M. Jules Damfleury avec mademoiselle Camille Raymond, et on va me l'envoyer, mariage qui a eu lieu à Joinville, le 10 juillet 1860, Camille m'avait dit la date.

— Bravo ! oh ! bravo !... vous avez eu là une excellente idée.

— Mais ce n'est pas tout : j'ai su que votre gendre...

— Je vous en prie, ne le nommez plus ainsi !...

— Eh bien, votre grand Turc, si vous aimez mieux, allait maintenant très-assidûment voir une dame de province qui, à Paris, habite le Grand-Hôtel...

— Ah ! bigre !... il va dans le Grand-Hôtel... ce ne peut pas être pour y vendre des planches... Comment diable avez-vous su cela ?...

— Par un hasard tout simple : j'allais moi-même porter chez une dame étrangère, qui loge aussi au Grand-Hôtel, des achats qu'elle a faits dans notre maison... J'ai vu de loin Rodrigue qui entrait... j'ai eu soin qu'il ne me vît pas ! puis je me suis informée. J'ai su que votre gendre...

— Dieu ! que vous me faites mal !...

— Ah ! vous m'impatientez !... oui, votre gendre va tous les jours, matin et soir, chez madame Verdoyant... une veuve extrêmement riche... très-prétentieuse, très-coquette. Que va-t-il faire chez cette femme?... A coup sûr, il n'en est pas amoureux...

— Vous croyez?...

— Oh! il aime trop les jolies femmes pour cela... mais il y a là-dessous quelque nouvelle intrigue... quelque fourberie qu'il manigance...Je le saurai... je découvrirai tout... et lorsqu'il sera temps de se montrer, d'agir, je vous écrirai, je vous dirai ce que vous aurez à faire...

— Très-bien!... très-bien!...

— Et vous suivrez exactement mes instructions?...

— Oui, mademoiselle.

— Vous avez foi en moi?

— Comme à *Mathieu Laensberg!*

— Donnez-moi bien votre adresse...

— La voici, mademoiselle... Je comprends que c'est mademoiselle et non madame qu'il faut dire.

— Au revoir, monsieur Philamour! je suis certaine qu'avant peu vous aurez de mes nouvelles.

— Je les attends avec impatience, mademoiselle.

Mathilde retourne dans son magasin, et Philamour s'éloigne en se disant :

— C'est une femme forte... non, je veux dire : c'est une fille forte... et dans ce cas-ci je crois qu'on peut dire l'un et l'autre.

XX

AU BOUT DU FOSSÉ

Après son entrevue avec sa première femme, dans le cabinet du restaurant où il croyait trouver la petite Lisa, La Bergerie, tout en finissant sa bouteille de champagne, chose à laquelle il n'aurait jamais manqué, avait réfléchi sur sa position et s'était dit :

— Camille sait tout! elle m'a promis de partir, de s'en retourner à Joinville, mais me tiendra-t-elle parole?... Elle ne voudra pas me perdre... non, elle est trop bonne pour chercher à se venger ; mais cette diablesse de Mathilde qui la connaît... qui sait tout aussi !... ah! c'est celle-là que je redoute. Le papa Philamour et sa fille n'ont aucun soupçon... j'ai écrit à Zénobie que j'allais faire un petit voyage. Je n'ai rien à craindre de leur côté... mais Mathilde!... Cette femme me poursuit... il me semble que je la vois sans cesse... qu'elle me guette, m'épie... qu'elle va se trouver là pour déjouer tous mes projets!... Il faut donc se hâter d'en finir avec Olympe... et puis partir bien vite, quitter Paris et me tenir coi dans mon château, où je tâcherai de couronner des rosières.

Le lendemain matin, de bonne heure, La Bergerie était chez madame Verdoyant; il s'informait si elle avait reçu les papiers qui lui manquaient, ce qui retardait la célébration de son mariage. Il pestait, jurait même, après ce retard; et la tendre Olympe, qui ne voyait dans son impatience d'être uni à elle qu'une preuve de son amour, de l'impétuosité de ses désirs, le regardait d'un air langoureux, en lui disant :

— Allons, Arthur, un peu de patience, mon ami! ne vous faites point de mauvais sang; notre bonheur n'est que suspendu... vous savez bien que je serai à vous... que je ne puis pas vous échapper...

— Mais attendre, toujours attendre! c'est bien cruel, madame!... Si vous aviez voulu... si vous aviez daigné satisfaire mes désirs, nous serions partis pour votre château... Là, loin du monde... du bruit de la ville, j'aurais attendu plus patiemment le moment de notre union...

— Vous n'y pensez pas, Arthur ! je vous ai expliqué la raison qui m'engageait à ne revenir chez moi qu'avec le nom de votre épouse... Le *décorum*, cher ami, il faut respecter le *décorum !*

— O madame ! qu'est-ce que le décorum auprès d'un seul de vos regards !...

— Taisez-vous... tais-toi, tentateur ! Ces papiers arriveront demain peut-être... et ma couturière n'a pas encore fini ma robe de noces...

— Voulez-vous que je coure chez elle la presser ?

— Oui, allez-y, cher ami... il y a aussi ma modiste qui n'a pas bien saisi mes intentions; elle devait venir hier et je l'ai attendue en vain...

— Je vais y courir également...

— Vous êtes charmant !...

— Voyez s'il ne vous faut pas autre chose... Ah ! c'est que je tiens à ce que vous n'éprouviez pas d'autres retards...

— Non, c'est tout. Ah! vous avez prévenu à la mairie, à l'église ?...

— J'ai fait tout ce qu'il fallait faire !... mais je ne suis pas encore sûr du jour...

— C'est vrai. Mais enfin rien ne vous manquera à vous? vous avez votre toilette, vos témoins?

— Soyez tranquille ! ce n'est pas de mon côté que viendra le moindre retard.

La Bergerie va, vient, se multiplie pour courir chez tous les fournisseurs de madame Verdoyant; mais comme maintenant il a un portefeuille bien garni, ce n'est jamais à pied qu'il se montre dans Paris, il évite même de se servir de cabriolet; c'est caché dans le fond d'une voiture, dont il a fermé les glaces, baissé les stores, qu'il fait ses courses et va retenir deux pauvres diables, auxquels il donne de quoi louer un costume convenable, et qui doivent lui servir de témoins.

Enfin toutes ses mesures sont prises, et, un matin, la sensible Olympe lui montre une grande lettre en lui disant :

— Voilà ce que nous attendions... ils sont arrivés ces papiers tant désirés... rien ne s'oppose plus à ce que je sois votre femme...

— O joie!... ô bonheur!... alors je cours à la mairie... à l'église... nous allons nous marier tout de suite.

— Mais, cher ami, votre impatience vous égare... aujourd'hui c'est impossible! il est déjà près de midi, et vous n'avez prévenu nulle part, ni la mairie, ni l'église... ce sera pour demain... D'ailleurs il y a encore une pince à faire à mon corsage...

— Ah! mon Dieu... encore une pince!... Je croyais que vos toilettes étaient prêtes?

— Elles le seront, ce n'est presque rien. Allez, mon ami, prendre l'heure pour demain à la mairie;... prévenez à l'église... je veux que ce soit splendide...

— Vous serez satisfaite, tendre amie.

Et La Bergerie s'éloigne en murmurant :

— *Tertia solvet !* Je pense que je m'en tiendrai là.

Le lendemain un peu avant midi, une superbe calèche entrait dans la cour de la mairie du IX° arrondissement. Dans cette calèche s'étalait celle qui voulait cesser de s'appeler : veuve Verdoyant. Olympe avait une toilette tellement compliquée, qu'il était bien difficile, en la voyant, de savoir si c'était une mariée, une marraine, ou une écuyère de l'Hippodrome. Il y avait dans sa robe toutes les couleurs de l'arc-en-ciel et sur sa tête un panache qui avait plus d'un pied de haut, et qui se balançait au moindre mouvement de tête de cette dame, en éventant tous ceux qui l'accompagnaient. Mais une grande profusion de diamants qui resplendissaient au col, aux oreilles et sur la poitrine de cette singulière mariée, faisait, pour bien des gens, oublier le ridicule de sa toilette.

La Bergerie, habillé tout de noir, se tenait fort gravement à côté de sa future. Sa figure n'avait pas son expression railleuse habituelle; ses regards exprimaient comme une secrète inquiétude. Enfin il ne semblait pas être à son aise, bien que de temps à autre, il essayât de sourire en parlant à Olympe.

Sur le devant de la calèche étaient les deux individus que La Bergerie avait payés et habillés pour lui servir de témoins, et qui se tenaient roides comme s'ils avaient été de bois. De son côté, Olympe avait envoyé d'avance, à la mairie, deux témoins qu'on lui avait procurés à son hôtel. Tout était donc prévu, et le mariage allait se célébrer.

La vue d'un brillant équipage, d'une dame couverte de diamants et portant un panache plus haut que celui de Henri IV, ne pouvait manquer d'attirer la foule devant la porte et dans la cour de la mairie. D'ailleurs, il y a toujours des gens curieux de voir la figure des nouveaux mariés, chacun fait tout haut ses réflexions, qui ne sont pas toujours avantageuses aux nouveaux époux et sont souvent fort peu gazées ; mais le populaire ne brille pas par la pudeur, il ressemble en cela aux paysans des environs de Paris.

Aussi pendant que les futurs conjoints descendaient de leur équipage, on entendait dire dans la foule ;

— En voilà une mariée qui peut compter !... on dirait la mère Gigogne !...

— Ça doit être au moins son troisième mari... J'espère bien qu'elle n'a pas de fleur d'oranger... et ce panache... on dirait d'une jument !...

— Le mari n'a pas l'air d'être à la noce... il est

tout pâle... tout vert... pauvre bonhomme !... Je ne voudrais pas être à sa place.

— Il a l'air d'épouser sa tante...

— Laissez donc ! vous ne voyez donc pas que c'est un mariage d'argent !... Il épouse les diamants de cette dame ! elle en est plastronnée... La sauce fait passer le poisson.

La Bergerie se hâte de prendre la main de sa future et de lui faire traverser cette foule, sur laquelle il n'ose pas arrêter ses regards. On monte au premier étage, où est la salle des mariages. Mais là, il faut attendre un peu que monsieur le maire ait achevé de marier un jeune couple qui vient d'arriver.

— Comment ! il faut que nous attendions ? dit La Bergerie au garçon de bureau ; on m'avait assuré que je passerais le premier...

— Les autres se sont trouvés là avant vous... ils ont passé...

— Ah ! Olympe, c'est votre faute. Vous avez encore voulu une pince à votre robe !...

— Vous voyez bien, Arthur, qu'elle est encore trop large...

— Asseyez-vous, madame et monsieur... on vous appellera. Oh ! ce ne sera pas long.

Olympe s'assied sur un banc. La Bergerie se tient debout. La salle est presque remplie par les parents et amis du jeune couple qu'on marie. Ce sont, en grande partie, des ouvriers qui se sont endimanchés et se sont déjà donné une pointe de gaieté, à compte sur la ribote qu'ils veulent faire plus tard. La superbe Olympe est très-contrariée de se trouver au milieu de ce populaire et dit à son futur :

— Je suis bien fâchée que vous n'ayez pas fait venir la mairie au Grand-Hôtel !...

Et La Bergerie déchire ses gants avec impatience en répondant :

— Pourquoi avez-vous encore voulu qu'on fasse une pince à votre robe !...

Enfin les jeunes époux sont unis... ils viennent recevoir les embrassades de leurs parents, amis et connaissances, et le garçon appelle : Jules Damfleury, dit de Senneterre et Olympe Bricont, veuve Verdoyant !

La Bergerie prend la main d'Olympe et l'entraîne avec précipitation devant M. le maire. Déjà tous les témoins sont placés et l'on va commencer la cérémonie, lorsque le futur époux change de couleur, il devient livide, il chancelle et ne trouve plus de paroles pour répondre au maire qui l'interroge : c'est qu'il vient d'apercevoir dans la salle Mathilde, la terrible Mathilde, qui le regarde d'un air de triomphe et s'avance vers lui.

— Répondez donc à M. le maire qui vous interroge !... dit Olympe en poussant le bras de son prétendu. Mais, en ce moment, Mathilde est parvenue jusqu'aux futurs époux, elle s'avance et dit :

— Attendez, madame, c'est moi, qui vais répondre pour monsieur et dire à M. le maire : Le sieur Jules Damfleury, dit de Senneterre, dit La Bergerie, dit tout ce que vous voudrez, mais en réalité et seulement Jules Damfleury, ici présent, ne peut pas s'unir à madame, vu qu'il s'est déjà marié le dix juillet mil huit cent soixante à Joinville avec Camille Raymond qui existe toujours ; voici du reste une copie en bonne forme de l'acte de mariage du sieur Damfleury, que je prie M. le maire d'examiner.

Olympe a poussé un cri de fureur, tout le monde demeure dans la stupéfaction. Mais La Bergerie, qui essaye de retrouver son aplomb, s'écrie :

— Monsieur le maire, je vous en prie, ne faites pas attention à ce que dit cette femme !... ceci est une comédie... une scène préparée d'avance... la vengeance d'une maîtresse... Veuillez passer outre et continuer la cérémonie... plus tard je confondrai cette femme... Olympe, revenez à vous... je vous ai déjà expliqué tout ceci...

Mais Olympe ne savait que croire, elle regardait tour à tour son futur et Mathilde, dont l'air d'assurance l'inquiétait beaucoup. Quant au maire, il examinait le papier que la jolie brune venait de lui remettre, et on attendait avec anxiété ce qu'il allait décider, lorsque une voix se fait entendre à l'entrée de la salle. C'est celle de Philamour, il crie :

— Nous voici ! nous voilà... Monsieur le maire, arrêtez!... qu'on arrête M. le maire... qu'on ne lui laisse pas marier ce monsieur qui l'est déjà deux fois!... Viens, Zénobie, présente-toi fièrement, ma fille... Monsieur le maire, je vous présente ma fille, Zénobie Philamour, qui a épousé le seize août de l'année dernière, à la mairie du XV°, M. Jules Damfleury, dit La Bergerie, ici présent... ne se doutant pas, ni moi non plus, comme vous le pensez bien, que ce monsieur s'était déjà marié et qu'il était en possession d'une femme et d'un enfant... ainsi que me l'a prouvé mademoiselle Mathilde que voilà... Bonjour, mademoiselle ! nous arrivons un peu tard... mais j'attendais Dardanus... où donc est-il?... ah ! le voilà !... et il amène un de ses amis qui a vu à Joinville l'autre épouse de mon gendre... Ah ! sapristi !... j'ai dit mon gendre!... mais il ne l'est plus, ce misérable! et j'espère qu'on va à l'instant même démarier ma fille!... qu'il a ruinée ainsi que moi.

Il serait difficile de peindre les sentiments qu'expriment alors les physionomies de toutes les personnes présentes à cette scène. Chez la plupart l'étonnement est porté à son comble; chez d'autres il y a de l'indignation, mais sur celle de Dardanus, qui vient d'arriver avec son ami Ducoudray, on lit la joie, le plaisir d'une vengeance satisfaite, et il ne peut résister au désir de crier à La Bergerie, en lui faisant un salut ironique :

— Oui, c'est moi, Dardanus... qui ne suis point apothicaire, comme monsieur prétendait que mon nom m'obligeait à l'être, et qui viens assister à votre troisième mariage, monsieur Jules Damfleury La Bergerie !... Voici mon ami Ducoudray, qui connaît madame votre première, de Joinville, et qui assure qu'elle se porte très-bien.

La Bergerie est terrifié, il n'y a plus moyen de se tirer de là, et déjà le maire le regarde sévèrement, en lui disant :

— Eh bien, monsieur, que répondez-vous à tout ce dont on vous accuse?... lorsque la future nouvelle pousse un grand cri et tombe prise d'attaque de nerfs en murmurant :

— Ah !... il en avait deux... le scélérat !... Infâme Arthur !... je suis sa victime !...

Cette dame a perdu connaissance ; aussitôt on l'entoure, on se presse pour lui porter secours. La Ber-

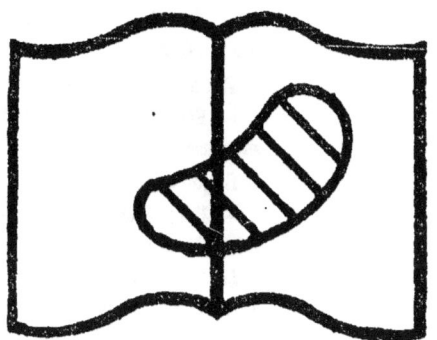

Illisibilité partielle

gerie profite de ce moment, de ce tumulte ; il perce la foule et gagne la porte en criant :

— Un médecin !... il faut tout de suite un médecin !... Cette pauvre dame se meurt !...

Et pendant que Philamour dit à Dardanus :

— Est-ce que je n'ai pas le droit de faire arrêter mon associé ?

Et que celui-ci lui répond :

— J'ai prévenu le commissaire, on va venir s'emparer du bigame.

La Bergerie a descendu violemment l'escalier. Arrivé dans la cour, un jeune homme vient à lui, lui prend le bras et, l'entraînant vers une sortie dérobée, lui dit :

— Par ici !... car votre signalement est donné et par la grande porte vous pourriez être arrêté... Venez... une voiture vous attend... vous allez sur-le-champ monter dedans, elle vous conduira hors Paris. Si vous m'en croyez, ce que vous aur* le mieux à faire sera de partir, de quitter la France sur-le-champ...

— Oh ! c'est bien mon intention... Parbleu ! monsieur, vous me rendez un grand service... puis-je savoir à qui j'en suis redevable ?...

— A votre première femme, monsieur, à cette

bonne Camille, qui ne veut pas que le père de sa fille soit arrêté et condamné...

— Camille!... Eh bien, parole d'honneur, je m'en doutais... faites-lui bien mes remercîments, monsieur...

Cependant on était arrivé à l'autre sortie. La Bergerie aperçoit la voiture qui attendait, il saute dedans, se fourre au fond, ferme le store et Valmiral fait signe au cocher, qui part sur-le-champ. Quand la voiture est loin, le jeune homme rentre dans la cour de la mairie, où il aperçoit madame Verdoyant, qui, revenant à elle, s'était écriée :

— Ah! mon Dieu! et mes soixante mille francs!... Où est-.. ce coquin?... mais il faut qu'on l'arrête !... il m'emporte soixante mille francs!... A la garde!... qu'on le saisisse!...

— La garde va venir! dit Philamour; je l'ai envoyé chercher...

— Et le commissaire va arriver, dit Dardanus, j'ai été le voir.

Mme Mathilde, qui vient d'apercevoir Valmiral dans la fuite, hausse les épaules en se disant :

— Ils arriveront trop tard... je vois là quelqu'un qui, j'en suis sûre, vient de le faire évader.

XXI

NOUVELLES D'AMÉRIQUE

Six mois se sont écoulés depuis que madame veuve Verdoyant a manqué de devenir la troisième femme de Jules Damfleury, dit Rodrigue, dit La Bergerie, dit de Senneterre. Cette dame s'est vue forcée de retourner à son château sans avoir échangé le nom de Verdoyant, qui lui déplaît beaucoup, contre celui d'un nouvel époux. Et dans cette dernière aventure, elle a perdu soixante mille francs, que celui qu'elle appelait son bel Arthur a oublié de lui restituer en se sauvant. C'était payer un peu cher le plaisir de s'être fait faire la cour pendant quelques semaines, et la tendre Olympe se disait parfois :

— Avoir dépensé tant d'argent pour rien ! Toutes

ces épouses auraient bien dû venir plus tard !... Si du moins j'avais été sa femme pendant huit jours !... Ah ! pourquoi ai-je fait refaire une pince à ma robe !

M. Philamour, à peu près ruiné par l'inconduite de ce gendre dont il avait été enthousiasmé, avait été obligé de reprendre avec lui sa fille Zénobie, qui, au lieu d'aller au bal, était maintenant forcée de faire elle-même son ménage. Car du superbe magasin de planches que possédait autrefois Philamour, il ne restait à papa Beaupère que l'avantage de savoir danser le cancan et le pas de la *Tulipe orageuse*.

Mais Camille était demeurée à Paris avec sa fille ; après la scène de la mairie, Valmiral était allé lui dire :

— J'ai procuré à votre mari les moyens de se sauver. Il allait être arrêté comme bigame, je connaissais les intentions de Mathilde, je savais qu'elle avait écrit à Joinville et reçu un duplicata de votre acte de mariage. Elle-même me l'avait dit, elle voulait absolument vous venger, en faisant arrêter votre mari qui se disposait à contracter un troisième mariage. Moi, j'ai pensé que je remplirais mieux vos intentions en aidant ce monsieur à échapper à la justice... ai-je bien fait ?

Pour toute réponse, la jeune femme avait pressé

avec force la main de Valmiral, puis regardé sa fille en murmurant :

— C'est elle surtout qui devra un jour vous remercier !

Quant à Mathilde, elle n'est pas contente et répète souvent :

— Pourquoi donc ne pas punir ceux qui sont coupables ? L'indulgence ne corrige jamais les esprits pervers... sur un criminel qui se repent, il y en a cent qui recommencent ; c'est triste, mais c'est comme cela. Je parierais tout ce que je possède, que ce monsieur est allé se marier autre part !

Et pendant six mois on n'avait eu aucune nouvelle de La Bergerie. Mais au bout de ce temps, comme Mathilde était un matin chez son amie Camille, et l'aidait dans l'arrangement d'un joli petit appartement où la jeune femme venait de s'installer, Paul Valmiral accourt, il est très-ému ; il tient à la main une lettre décachetée et s'écrie en entrant :

— Voici une lettre que je viens de recevoir de New-York ; elle est de mon ami Marcelin, qui était parti pour l'Amérique depuis peu... elle me donne des nouvelles de M. Damfleury...

— De mon mari ? s'écrie Camille.

— De ce chenapan ! dit Mathilde...

— Oui... et Marcelin est certain de ce qu'il me

marque... voulez-vous que je vous lise ce qu'il m'écrit?...

— Oui, oui... lisez vite...

— « Je suis à New-York depuis huit jours, j'y ai rencontré ton monsieur aux trois femmes... ce Damfleury La Bergerie. Il menait ici un grand train; mais voici ce qui vient de lui arriver pas plus tard qu'hier: il avait su se faire aimer d'une jeune Américaine, immensément riche, et c'est hier que devait se célébrer le mariage de ce monsieur avec sa nouvelle future. Mais au moment de commencer la cérémonie, est arrivé un frère de la jeune fiancée qui, s'adressant à Damfleury, lui a dit: « Vous êtes un misérable! je viens de recevoir des nouvelles de France: vous êtes déjà marié, vous avez y laissé deux femmes. Vous trompiez ma sœur, mais c'est assez, vous ne tromperez plus personne. » En disant cela, le jeune Américain déchargeait son revolver sur Damfleury, qui est tombé mort sur le coup. Voilà, mon ami, ce que je me hâte de t'apprendre, car je sais que cela intéresse les personnes que tu connais... »

— Mort! il est mort! murmure Camille.

— Et en voulant encore se marier! dit Mathilde; en voilà un qui est bien puni par où il a péché!

La jeune femme n'était point assez hypocrite pour

répandre des larmes sur la mort d'un homme qui l'avait rendue si malheureuse? et qu'elle comptait bien ne jamais revoir ; mais elle fait mettre sa fille à genoux et lui dit de prier pour son père, dont elle vient d'apprendre la mort.

Peu de temps après, les journaux mentionnèrent, avec d'amples détails, la nouvelle de la mort de cet homme dont l'existence avait été si accidentée, et comme, en reproduisant un fait, les journalistes ont assez l'habitude de le broder, Damfleury, auquel dans les premiers articles on ne donnait que trois ou quatre femmes, arriva bientôt à s'être marié quatorze fois.

Et M. Philamour, en lisant le journal, s'écria :

— Comment ! ce drôle avait quatorze femmes !... Console-toi, Zénobie, tu n'es pas la seule à plaindre... tu n'as fait que suivre le torrent ! Il faut que je fasse lire à Dardanus le journal qui contient cet article.

Mais Dardanus, qui n'a pas pour les journaux la même foi que son ami Philamour, rejette la feuille que celui-ci lui présente, en disant :

— Mon cher ami, vous êtes digne d'en être actionnaire.

Une année après la mort de Damfleury, Valmiral devint l'époux de Camille, qui rencontra cette fois un mari digne d'elle.

Et Mathilde, heureuse de voir que la tendresse de ce jeune homme était enfin récompensée, répétait souvent :

— Ah! que Rodrigue a bien fait de vouloir se marier en Amérique... la patrie du revolver!

FIN

TABLE DES MATIÈRES

 I. Une entreprise de bouillon. 1
 II. La blonde et la brune. 13
 III. Papa Beaupère. 23
 IV. Monsieur de La Bergerie 34
 V. A l'Eldorado 49
 VI. Une jeune mère et son enfant. 63
 VII. Madame Zénobie. 84
 VIII. Où ce monsieur se montre tel qu'il est. . . . 101
 IX. Situation embarrassante. 113
 X. Madame Verdoyant.. 128
 XI. Le magasin de blanc. 145
 XII. Monsieur Philamour au bal. 162
 XIII. Comment cela se joue. 173
 XIV. Rencontre inattendue. 184
 XV. Au bois de Boulogne. 198
 XVI. Mathilde agit. 209
 XVII. Une dame qui en tient. 222
 XVIII. Dans un cabinet. 235
 XIX. Où l'on revoit Dardanus. 249
 XX. Au bout du fossé. 265
 XXI. Nouvelles d'Amérique. 278

F. Aureau. — Imp. de Lagny

www.ingramcontent.com/pod-product-compliance
Lightning Source LLC
Chambersburg PA
CBHW070758170426
43200CB00007B/828